教师专业发展与小学名师发展案例研究

刘彦文—著

中国轻工业出版社

图书在版编目（CIP）数据

教师专业发展与小学名师发展案例研究 / 刘彦文著. —
北京：中国轻工业出版社，2021.11
ISBN 978-7-5184-3678-1

Ⅰ. ① 教… Ⅱ. ① 刘… Ⅲ. ① 小学教师—师资培养—
案例—中国 Ⅳ. ① G625.1

中国版本图书馆CIP数据核字（2021）第193108号

责任编辑：杜宇芳　　责任终审：李建华　　整体设计：锋尚设计
策划编辑：杜宇芳　　责任校对：宋绿叶　　责任监印：张　可

出版发行：中国轻工业出版社（北京东长安街6号，邮编：100740）
印　　刷：北京君升印刷有限公司
经　　销：各地新华书店
版　　次：2021年11月第1版第1次印刷
开　　本：787×1092　1/16　印张：11
字　　数：300千字
书　　号：ISBN 978-7-5184-3678-1　定价：49.80元
邮购电话：010-65241695
发行电话：010-85119835　传真：85113293
网　　址：http://www.chlip.com.cn
Email：club@chlip.com.cn
如发现图书残缺请与我社邮购联系调换
201371Y1X101ZBW

目 录

以己之贤良，育生之高尚

——教师应从成为德才兼备的新时代知识分子做起

这是一个呼唤教育家的新时代，是一个能够产生教育家的新时代，也是一个教育家建功立业的新时代，可以说，素质教育的改革和发展急盼有更多的教育家涌现，国家和社会尊师重教，加大教师队伍建设力度，不仅给教育家成长提供了深厚沃土，还为教育家干事、成事，取得丰功伟绩奠定了坚实基础。但总体而言，教育家或者优秀教师还远远不能满足我国快速发展的需要，换言之，人才培养、社会进步需要有更多的教育家源源不断地产生。“不想当将军的士兵不是好士兵”，作为承担着为党育人、为国育才重大责任的人民教师，必须要有高远之志，努力成长为教育思想丰富、教改成绩斐然、育人效果突出、广受社会称誉的教育家。“不积跬步，无以至千里”，教师需要从不断提升自身修养做起，首要的是要逐步成长为德才兼备的新时代的知识分子，以己之贤良，育生之高尚，主导一代又一代的青年学子的全面发展，从而引领社会发展更加美好、促进社会发展形成良性循环，逐步实现民族复兴的伟大梦想。经过长期的成长历练和积淀，方可由一个德才兼备的新时代知识分子逐步成长为教育家，没有前期的淬炼，就没有后期的辉煌，有梦想，就有收获。但需要思考的是，教育家毕竟是教师中的佼佼者，多数教师最终达不到这个高度，或者说只能无限接近，正如“虽不能至，然心向往之”一样，向着梦想出发是我们人类的天性，教师不妨先从做一个德才兼备的新时代知识分子开始。

一、从君子说起

在孔子之前，君子一词在《易经》《诗经》《尚书》中已经被广泛使用，但当时主要是指掌握权力的贵族阶层，尤其是君王之子。自孔子开始，君子被赋予了道德品性的内涵，成为文化学者的一种理想人格形象。

1. 教育培养德才兼备的君子

《论语》里记载了孔子关于人才培养的一个根本目标就是要培养德才兼备的君子。在孔子之前，发生了很多德不配位或者才胜于德的事情，导致社会中存在很多棘手问题需要解决。为此，孔子主张要通过培养德才兼备的君子去影响、引领社会的发展。实际上，孔子认为人们生而具有"性相近，习相远"的特点，意味着从生物学意义上分析则人是生而平等的，之所以有的人最后成为真正的君子，或者成为与君子相反的小人，都是学习、实践、教育的缘故，换言之教育使人千差万别。因此，也可以说，每个人都有成为君子的潜力和可能性，而且孔子非常乐观地认为："人皆可以为尧舜""我欲仁，斯仁至矣"，这清楚地表明了孔子秉持君子是可以培养而且能够培养好的思想。孔子还讲到："道不远人"，实际上这意味着通过"道"可以使人成为君子，甚至对于一个君子而言，道是至高无上的，可以是人生的终极归宿，因此孔子会有"朝闻道，夕死可矣"的论断。通过教育培养德才兼备的君子，最终目的还是要参与社会治理，推动社会发展，因此孔子主张"学而优则仕"，这是经世致用思想的体现，这也是孔子与道家的最大区别，儒家是倡导积极入世的。所以说，君子绝不是躲进故纸堆里只与之乎者也打交道，也绝不是自命清高、归隐山林、躲避尘世，而应是要积极地入世、经世，甚至要有积极的人生观，追求"发愤忘食，乐以忘忧，不知老之将至"的境界。

2. 君子的基本品质

一个德才兼备的君子应该具有哪些基本品质呢?《论语》中有很多这方面的论述，据统计有100多处讲到君子，例如：君子怀德；君子坦荡荡；君子成人之美；君子求诸已；君子和而不同；君子喻于义；君子欲讷于言而敏于行；君子博学于文，约之以礼；君子不器（立己达人）；克己复礼；君子于其所不知，盖阙如也；君子名之必可言也，言之必可行也（正名）；立人达人，已所不欲勿施于人；见贤思齐；君子不忧不惧；君子不重则不威，学则不固；君子主忠信；君子过则勿惮改；不容然后见君子。可见，君子的品质不一而足，可谓十全十美，好像无所不能，但实际上不可能无所不能，总有难以作为之时，这时对于君子而言也要坚持自己的正确选择，遵从自己内心深处的声音去奋斗，甚至要做到孔子的所能达到的境界：成为"知其不可为而为之者也"（鲁国石门门卫语），实际上对于孔子而言，他应该不认为其所作所为是“不可为”，而应该是通过努力“可为”，只不过一般民众认识没有这么高而已，所以作为一个君子只有具备了这种锲而不舍的追求精神、孜孜不倦的执着精神和攻坚克难、迎难而上、奋勇争先的雄心壮志，才能算是真正的德才兼备的君子，绝对不能因为时人不认可而半途而废或者自我怀疑。其实，关于君子的认知除了《论语》里的阐述外，还有很多文献和学者都有很好的诠释。例如，孔子之前就已存在的《周易》指出：“天行健，君子以自强不息；地势坤，君子以厚德载物”，对君子的仁德和修身都提出了要求。孔子之后的左丘明在《左传》里强调：“太上有立德，其次有立功，其次有立言，虽久不废，此之谓三不朽”，这可谓是君子的三不朽，成为三立完人是儒家君子的至高境界，至今公认的三立完人也只有杜预、王阳明、曾国藩等寥寥数人。《孟子》则强调：“人有不为也，而后可以有为”“穷则独善其身，达则兼济天下”，这是孟子对君子修养所提出的基本原则要求，其中的“有所不为有所为”的主张，与孔子的实践做法——“知其不可为而为之”有所区别，孟子则强调了君子的审时度势、做出抉择、取得最大公共利益的行事方式；孟子还讲到：“君子有三乐，而王天下不与存焉。父母俱存，兄弟无故，一乐也；仰不愧于天，俯不怍于人，二乐也；得天下英才而教育之，三乐也。”可以说，作为一位君子，要爱家、爱国、爱弟子，要把享天伦之乐、尽良知之乐、得英才而教育之乐作为理想人生境界。荀子则认为，“君子者，礼义之始也”“君子者，天地之参，万物之总。”可见，君子是天地万物之最高层次。北宋的张载提出：“为天地立心，为生民立命，为往圣继绝学，为万世开太平”，这四句语录被称为“横渠四句”，高度概括凝练了君子的精神品质，成为后世儒家君子的精神坐标。传统文化中对君子的论述可谓汗牛充栋、不计其数，在此不再赘述。

3. 君子之道

从上可见君子的定位之高，品质之全，其实就连孔子自己都很谦虚地认为自己与君子相比还有很大差距，他说：“君子道者三，我无能焉，仁者不忧，知者不惑，勇者不惧。”孔子所提出的“仁者不忧、知者不惑、勇者不惧”的标准可以说是君子之道，是君子的人格形象的总体表述。要成为君子，需要做到仁、智、勇，而首要的任务则是修身，遵从“仁”和“礼”的要求，内求仁，外依礼，做到内外兼修，具体则要按照“志于道、据于德、依于仁、游于艺”的方法去进德修业方可达到仁、智、勇的要求，进而才能有条件地去实现齐家、治国、平天下的人生抱负，从而达到治于内而成于外的理想人生境界。

4. 君子的中庸之道

君子最基本的为人处世的方法就是中庸之道。《论语》提到："中庸之为德也，其至矣乎！民鲜久矣。"可见，在《论语》里，中庸被认为是最高的道德标准，亟待发扬光大。在后来孔子的孙子子思的著作《中庸》将"中庸"阐述为"喜怒哀乐之未发谓之中，发而皆中节谓之和。中也者，天下之大本也，和也者，天下之达道也。致中和，天地位焉，万物育焉"。可见，中庸思想实际上是天人合一的思想，这是儒家的方法论和世界观，天道人道合而为一、和谐一致，方能开创太平盛世。鉴于中庸之道的价值，余秋雨认为其"是20世纪建立世界新秩序的最佳哲学"[1]，而且"中庸之道加上君子之道，是儒家的灵魂所在，也是中华文化的灵魂所在"[2]。

二、做一个德才兼备的新时代知识分子

在我国古代，君子是文化人的理想人格。在今天的世界，知识分子则是文化人的理想人格。一定意义上说，我国古代的君子就等同于今天的知识分子。也可以说，今天的知识分子需要从古代君子文化中寻求自己的精神家园和归宿，做一个德才兼备的知识分子。对于从事教育工作的教师而言，都具有比较丰富的知识储备，从事的是依赖于知识以影响学生的脑力劳动，表现出有崇高的道德水准、承担重要的社会责任、有一定的劳动自由度、需要自控内控等特点，这些都表明教师从事的是一项特殊的人类自身精神再生产的伟大工作，教师从而是一类比较特殊的知识分子，更要严格按照德才兼备的知识分子的要求不断提高自己，立己达人，服务社会。教师作为知识分子，除了上述古之君子的优秀精神需要涵养，同时也要体现时代特色。时代特色应该体现在以下对待学生、教育和自己的三大方面的精神。

（一）对待学生的精神——人性精神、民主精神、期待精神

历史上关于教师和学生在教育中的地位有诸多论述，形成了教师中心和学生中心两个

[1][2] 余秋雨. 北大授课：中华文化的四十七课［M］. 合肥：安徽文艺出版社，2014：128.

基本认识，这两个中心无疑都失之偏颇。在今天，公认的主张是教师和学生都很重要，他们是教育的两个主体，缺一不可，或者说是教师主导和学生主体的融合，教师作为施教方，主导着学生的发展，而学生作为学习的主体则是自己成长的内在决定力量，教师的主导作用必须凭借学生的主体性的有效发挥才有良好效果。所以，教师作为教育的发起者、推进者、调控者，以什么样的姿态对待学生，将决定着学生的发展方向、速度和水平。总括而言，教师在对待学生上应至少体现三种基本精神。

1. 人性精神

需要教师有儿童生命意识。学生作为一个有头脑、有思想、有感情、有血有肉、有发展潜力的鲜活生命体，每个生命都是独特的，每个生命都是至高无上的，每个生命的发展都充满了不可预测性、复杂性、差异性和不确定性，这对教师的教育工作提出了至高要求。学生毕竟是需要在教师引导下不断发展的人，离不开教师的保护。因此，教师不仅要守住人性底线，绝对不能伤害、侮辱学生，还要保护儿童弱小生命，促进儿童生命健康、平安成长。常言道，人非圣贤，孰能无过，学生的人性之中总会蕴藏着一些自己都不能把控甚至无意识的错误和弱点，需要教师宽以待人，真诚引导学生向善向美。教师也要耐得住寂寞，绝对不能为了所谓的政绩，而对学生的成长生拉硬拽、揠苗助长，要学会等待学生发展，每个学生都有花开时节，保有静待花开的心态。

需要教师有人文关怀精神。教师要尊重每一个学生，关爱每一个学生，教师对学生的爱是大爱、博爱；同时，要公平、公正，一视同仁地对待每一个学生；并要有同情心、同理心，具有悲悯情怀，尤其要对那些处在弱势地位的学生的命运和心灵予以重点关切。要多换位思考，设身处地的为学生着想，让每个学生感受到教育的温暖。

2. 民主精神

民主精神是现代教育的基本精神，它不仅是社会政治民主化的需要，更是教育发生的润滑剂。在教育教学过程中，师生必须民主平等，才会发生真正的教育，否则任何压制、一言堂等不民主、不平等的教师行为都将使教育效果大打折扣。只有民主的教育教学形式，才会有和谐的课堂氛围，才会激发学生的才智和探究的欲望，才会培养创新型人才。

3. 期待精神

罗森塔尔效应强调，每个学生的成长离不开教师的鼓励和期待，教师对待学生的态度将影响学生的信心、决心和付出。教师要对学生有一个良好的期待，相信学生会有很大发展潜力，会有很大进步；同时，教师要信任学生，为学生成长营造良好氛围。

（二）对待教育的精神——教育情怀、科学精神、乐业精神

1. 教育情怀

要做一个有激情、有热情、有长情的教师。没有激情的教育教学活动，是很难想象的，教育教学无异于死水一潭。没有对教育的热情和深爱，也很难全身心投入，教育教学工作甚至等同于“当一天和尚撞一天钟”，无益于学生。没有长情的保持，可能很难持之以恒、终身从教，有可能半途而废、这山看着那山高。因此，选择了教师职业，就要有情定教育、激情投入、终身从教的教育情怀，通过扎扎实实的教育教学活动实现教师自身的安身立命，通过一天一天的教育教学活动实现教育梦、育人梦。

做一个相信教育、皈依教育、探索教育的教师。教育的价值和作用怎么强调都不为过，作为教师要相信教育的价值和作用，发挥教育的价值和作用，为人才培养、社会发展做出应有的贡献；同时教师要虔诚地对待教育，皈依教育，依靠教育。另外，教师要不断探索研究教育，创新教育教学思想和方法。

2. 科学精神

教师要有理性思维，在教育教学中，要避免科学性错误，任何时候都要保持理性判断，做出最佳选择。教师要坚持教育的本原精神，让教育回到它应该的、本来的样子，不忘育人的初心。教师要有创新精神，坚持行动研究，不断改进自己的教育教学工作，并在力所能及的情况下，形成自己的教育哲学、发展自己的教育思想；同时，教师要有实干精神，在实干中检验科学、在实干中发现科学。

3. 乐业精神

知之者不如好之者，好之者不如乐之者。教师要在敬业基础上，做到乐业的境界。一个人喜欢一个职业，才心甘情愿、无怨无悔地为之奉献。作为教师，要逐步养成乐业精神，为教育奉献一切，为学生成长殚精竭虑，让学生能快乐的成长，教师自己也收获快乐和幸福。

（三）对待自己的精神——自主精神、反思精神、学习精神

1. 自主精神

教师工作是一个充满智慧和挑战的、复杂性非常高的脑力劳动，需要有专业自主性，自己对自己的工作独立做出判断、选择，对自己的成长负责，自己独立思考；而且，教师的管理也主要是以教师自管、自控为主。可以说，自主精神具体而言就是要发展自主、工作自主、思考自主。自主的发展就是要体现自管、自控，靠外力或者上级的监督和推动发展，是很难有好的发展效果的，教师要根据需要自己决定自己的学习、探究领域等。自主工作则是教师要按照要求自己完成备课、上课、课后工作等环节，自己可以开展行动研究，推进工作不断改进，当然，在这个过程中可能会接受专家的指导、师傅的引导等，但归根结底需要自己去面对课堂、面对学生，别人无法替代、无法干预。同时，对教师而言，做任何事情，不能人云亦云或者只有执行力，还必须有独立思考的精神，做出自己的判断，多问些为什么，知其然更要知其所以然，否则以己昏昏难于使人昭昭。对此，著名特级教师吴非在《不跪着教书》中强调："想要学生成为站直了的人，教师就不能跪着教书。如果教师没有独立思考的精神，他的学生会是什么样的人？[1]。"可见，独立思考的精神难能可贵。总之，自主精神对于教师和教育的重要价值不言而喻。

2. 反思精神

教师职业的一个重要特点就是行走在"低洼湿地"[2]上，充满不确定性和挑战，是反思性实践，没有反思很难走出"低洼湿地"，这就要求在反思中实践、在实践中反思。孔子主张，"学而不思则罔"，没有思考就容易尽信书，陷入迷茫和缺乏主见。美国心理学家波斯纳在1989年提出教师成长的公式：成长＝经验+反思；他还指出，没有反思的经验是狭隘的经验，至多只能形成肤浅的知识；如果教师仅仅满足于获得经验而不对经验进行深入思考，那么他的发展将大受限制。北师大著名心理学专家林崇德教授指出：优秀教师＝教学过程+反思；他说：一个教师一生工作也许会有30年，假如他从不进行反思，那么他也许只是一年工作的30次重复。华东师范大学著名教育学专家叶澜教授强调，一个教师写一辈子教案不一定成为名师，如果一个教师写3年反思有可能成为名师。至此，我们甚至

[1] 吴非．不跪着教书［M］．北京：中国人民大学出版社，2015：1.

[2] 胡惠闵，王建军．教师专业发展［M］．上海：华东师范大学出版社，2014：24.

可以说，反思是教师成长的“秘密武器”，它对教师的发展有着重要影响。进一步分析，反思无处不在、无时不在。常言道，处处留心皆学问，对教师反思而言，则是处处反思、时时反思，会为教师专业成长插上腾飞的翅膀。教师的反思，无非侧重于反思与自己成长和工作密切相关的事宜，例如，反思读书是否有好习惯，读书是否有利于教育教学和自身成长？工作中有哪些得失？是否有更好更合适的教育教学方法？学生喜欢或者不喜欢自己的教育教学，原因是什么？自己教育教学的特色是什么？是否该多动笔总结、提升自己的教育经验了？等等。通过不断地反思，让自己成长更快、工作更有成效。

3. 学习精神

常言道，要求学生做到的自己要先做到。因此，教师作为引导学生学习的主导者，自己首先要做到终身学习、学会学习，才能给学生以示范和指导。

终身学习强调人在一生中要自觉地利用一切可以利用的学习条件（学习时间、学习环境）不断学习，即学习是“全人生学习、全方位学习”，[1]以便使自身的潜在能力不断转化为现实能力。可以说，终身学习是一种素质、一种能力，它是人的习得性的素质和能力。终身学习是当今社会发展的必然趋势，是时代的呼唤。当前社会发展的趋势是：科技日新月异，知识以几何级数累积，职能不断变更，岗位不断更替。这些特征要求人们具有不断适应新科技、新工作岗位的能力，有不断学习、提高的能力，即关键要有终身学习的能力。对于教师而言，终身学习的重要价值不言而喻。一个教师要想不落伍时代，就要不断学习，学习是一切的基础。为此，我国把终身学习作为教师专业发展的一个理念和职业道德基本要求。教师职业不同于其他职业的一个重要特点就是要用新知识、新思想影响下一代，只有不断地学习才会持续获取新知识、新思想，才能适应教育教学的根本要求。

终身学习意味着学会学习。学会学习是人的学习由自发状态转化到自觉、自由自在状态的过程，就是学习由人的本能发展到能够意识到的本能的过程。学会学习是学习本能社会化的结果，是教育的结果。会学习有两层含义，“第一是一般意义上的会学习，如善于选择学习内容、能合理安排学习时间等；第二是特殊意义上的会学习，即根据人生在不同的时序中所处的社会生存空间的位置变化而形成特定的学习能力，这种会学习的能力产生于千变万化之中，没有统一的培养模式可供遵循”[2]。对于教师而言，学会学习意味着要按

[1] 郭桂英. 终身学习的微观分析[J]. 教育研究，1997（9）：78.
[2] 郭桂英. 终身学习的微观分析[J]. 教育研究，1997（9）：79.

照教师知识结构要求，要不断学习基础文化知识、所教科目的专业知识、教育科学知识等，尤其对于一线教师的新思想、新方法，需要保持敏感性和好奇心，不断进取。在学习时间安排上，则要争分夺秒，时刻保持学习的饥渴，除了日常的备课、上课等环节的学习提高，还应利用一切休息、节假日时间，制订读书学习计划，进行有深度的学习，例如有计划地学习一线名师的思想、教育专家学者的思想等。例如，李吉林老师的成长中，就充分利用休息时间，甚至春节都不休息，阅读了大量的经典著作，抓住一切机会向大家、名家广泛学习，从中汲取营养，推进了情境教育的实验和探索工作。

教师专业发展

第一章　教师专业化

自20世纪60年代以来，人们认为教师职业应该成为专业，类似于公认的医生、律师等职业成为专业一样，应当有更高的专业水准，发挥更大的作用，受到更多的重视，获得更好的职业声望。至今，教师职业经过近60年的专业化进程，虽然绝大多数国家教师职业仍然还未完全、真正达到专业水准，亟待进一步推进其专业化发展，但随着社会的不断进步，人才之于社会发展的作用越来越大，教师职业培养社会急需人才的历史责任也更加重大，社会也因此对其职业素养要求越来越高，不仅从业者的学历在快速提升，其专业性也越来越强，可以说教师职业正在成长为专业。

第一节　教师职业发展历程

一、教师的概念

教师的概念有狭义与广义之分。从广义上讲，教师是指教育机构中的教育教学人员、管理人员等全部工作人员，包括各类学历教育、非学历教育机构中专任教师、管理人员等。从狭义上讲，教师则专指教育机构中尤其是学校中履行教育教学职责的专业人员，他们承担着教书育人、培养社会建设者、提高民族素质的使命，这是一般意义上的教师。本书所研究的教师是取其狭义，那些专门从事行政管理、服务活动的教育工作者不在本研究之列。我们可以从以下四个方面来理解狭义教师概念的内涵。

（一）教育机构

所谓教育机构，既包括各级各类正规的学校教育机构，也包括少年宫、电教馆及青少年科技辅导站等校外教育机构。狭义的教师就是指在上述教育机构中专门从事教书育人工作的人员。其余，如专职行政管理人员、教学辅助人员、后勤服务人员等，则不包含其中。

（二）教师的职责

教师的职责是教育教学。这里强调教师不仅承担教育职责，还要承担教学职责，通过教学活动实现教育功能。从教育职责角度看，任何一个教育机构中的任何工作人员，都有此职责，或管理育人，或服务育人，或教书育人。但唯有教书育人者为教师，即教师主要通过教学途径来达到育人目的，甚至教师的主要工作就是教学，大多数工作时间都是围绕教学而进行。

（三）教师是专业人员

教师是专业人员。这里强调教师所从事的工作具有专门性，需要特定条件、经过专门培养、具备教师素养。比如，需要较高道德水准、较高学历要求、较丰富的专业知识及较高的执教能力等。

（四）教师的使命

教师的使命是教书育人，培养社会建设者，提高民族素质。这里强调教师通过传递知识、培养能力、提升素质，达到为中国特色社会主义培养建设者、接班人和提高民族素质的育人的根本目的。

二、教师职业的产生与发展

虽然教师职业是人类最古老的职业之一，并将长期与人类社会共存共生，但并非伴随着人类社会的出现，就产生了职业教师，而是在一个很长时期内，社会分工还不发达，教师职业未分离而独立，教师职业处在萌芽过程中。古籍所记载的我国原始社会燧人氏教人取火、伏羲氏教人狩猎、神农氏教人农作等传说，就反映了人类早期的带有教师职业特色的活动。随着经济社会不断发展和学校教育的产生，教师职业才逐渐发展成为专门职业。专门的教师职业大约产生于奴隶社会，这时候产生了正式的学校，从而有了教师。但是，无论是中国古代社会，还是西方古代社会，都普遍存在着“兼职教师”现象，即中国古代社会“以吏为师”，西方古代社会“以僧为师”，教师职业未完全成为专门的独立的职业。

随着时代的变迁，教师的社会功能、素质要求、职业劳动特点和内容，均有很大的变化和发展。

中国古代学校教育始于奴隶社会。西周时“学在官府”（或称“学术官守”），政教合一，官师一体，教师还未成为单独的社会职业，教师岗位皆由政府的一些文化官吏来兼任。从甲骨文看，教师的“师”字与“弓”字及“弓发矢射中人足”的含义联系在一起。这表明“师”字的初意都与军事有关，这反映了我国古代最初多是以武官兼任教师的史实，军事教育、军事斗争是当时社会的重要活动。实际上，“师”最初是军官的称号，“师氏”指的是高级军官，“大师”是比“师氏”更高级的军官，以“师”和军官的人名连称就称“师某”。在古代，军事训练是教育内容的重要方面，自然教官也就由“师氏”来兼任了，久而久之，“师”就转为教育者的称呼，所以“教师”的名称，实际起源于军官名称。

西周时官学中设有专职教育官师氏，有大师、小师，择优聘请。战国时期，韩非主张：以法为教，以吏为师。秦始皇三十四年（公元前213年），采纳丞相李斯“若欲有学法令，以吏为师”的建议，实施吏师制度。汉代以后，中央及地方官学中有博士、祭酒、助教、直讲、典学等。任用注重德才兼备。由征召、荐举、选试、诸科始进，或由他官迁升。唐代以后，除有祭酒、司业、博士、助教外，还有学正、学录、典簿、典籍、掌馔等人员。除官学外，春秋战国之后，私学兴起，教师多由官吏兼任，或官吏辞官还乡后作教师；也有名儒大师，或仕途不顺，或不愿出仕，退而授徒；亦有清贫的文化之人充任乡间塾师、书师。随着经济社会的不断发展，社会与教育的联系越来越紧密，教育的作用越来越突出，教师的重要性显而易见。尤其新中国改革开放以来，教师成为受人尊重的职业，教师职业的地位逐渐提高，成为社会最重要的职业之一。无论教师职业如何变迁，它的基本职责仍可用“传道、授业、解惑”来概括，承担着青年一代社会化和社会发展不可或缺的重要责任。

西方古代社会的官学亦有官师。在僧院学校、教会学校则多以神父、牧师为师。民间教育有的以商员为师。进入资本主义社会之后，随着教育不断强化制度化、国家化，教育理论和实践的日益丰富与发展，教师职业逐渐成为一种专门的、国家重视的职业，教师的作用日益显著。第二次世界大战之后，科学技术突飞猛进、知识急剧更新、社会经济发展日新月异等巨大变化，对人的思想品德、科学文化和身体素质等均提出了更高要求，教师的价值得以进一步彰显。教师不仅要传授知识，还要培养和发展受教育者的能力、素质，对他们的学习和全面成长进行精准指导；同时对社会团体、学生家庭成员有联络、辅导、咨询和服务的责任，成为促进社会民主化、平等化和教育社会化的积极力量，越来越受到国家的承认和社会的尊重。

至今，从世界范围来看，教师职业总体上已经逐步从满足数量阶段，到提高质量阶段，进而发展到专业化阶段。可以说，教师专业化运动已如火如荼，教师专业化成为当前教师职业发展的重要趋势。

第二节 教师职业基本特点

教师职业作为一个特殊职业，与其他职业而言，具有自己的一些独特性，体现在其劳动特点、价值等方面。

一、教师劳动的特点

教师劳动的特点是认识教师职业的重要起点，教师劳动不仅是一个“良心活”，需要教师的主观努力和尽职尽责，它还有自己的一些客观特点，概括而言，教师劳动的客观性表现在以下几个方面。

（一）复杂性

教师劳动不像现代工业流水线生产那样，具有精密性和可重复性，而是人对人的劳动，用知识、用道德和人格去影响人，促进人的全面发展，本质上是心灵对心灵的耕耘，具有复杂性。众所周知，人的内心世界是最复杂的，是最不容易控制和研究的。这种劳动对象的复杂性就决定了教师劳动如稍有差错和疏忽，就可能影响学生的一生，对学生个人而言，可能带来不可估量的损失。教师要全面培养学生，不仅是使其品德发展，也不仅是使其智力发展，而是要使其德智体美全面发展，这种全面发展要求，需要教师协调统一各种影响学生发展的因素，无疑增加了教育的复杂度，这决定了教师劳动是一种复杂的脑力劳动，而不是简单的体力劳动。总之，教师劳动的复杂性显而易见。

（二）创造性

教师劳动看似平常，其实蕴涵着无限的创造机会，它不单单是一种有规律可循的科学劳动，更是一种需要教师创造的艺术劳动。任何教育的环节和过程都离不开教师的教育智慧和教育艺术。教师劳动是一个需要智慧、能还智慧者以奇迹的劳动。可以说，任何一位优秀教师，都是与教育机智和智慧密不可分的，例如陶行知先生的“四块糖”的故事，霍懋征老师的“举左手、举右手”的故事，无不体现了教师自身的教育智慧。教师必须有迎接挑战的勇气和彰显智慧的信心。通过创造性的劳动，培养创造性的人才。

（三）示范性

“师者，人之模范”[1]，“为人师表”是对教师劳动的示范性的概括。教师是学生的榜样，既是知识的化身，更是道德的楷模。教师劳动就是教师用自身的道德和知识来影响学生，对学生起示范作用。教师劳动对学生的示范作用是与学生的发展特点密切相关，因为学生具有“向师性”，模仿教师是他们的重要学习方式。对于低年级的学生而言，向师性特点尤其明显，例如，“老师说的”这句话语常常是学生思考和处理事情的重要指针，教师在学生心目中的神圣形象不言而喻。教师的人格、学识、行为方式和思维方式等都在自觉或不自觉中潜移默化地影响着学生，成为学生示范的榜样。这要求教师必须时时、处处、事事都做学生的楷模。

（四）长期性

长期性，又称迟效性。人才成长的周期较长。这决定了教师劳动的成果——学生所具备的品格及才能需要十几年、二十几年后才能逐渐真正发挥出来，而且这种效益也是长期的，对学生的一生具有影响价值，对国家、社会的发展具有长期影响。效果是迟效和滞后的。而且人才的培养不是一劳永逸的，学生是在反复的过程中成长的，尤其对于品质发展而言，反复性是其规律之一，应允许学生犯错误，给予其改正和发展的机会。这就要求教师对学生的教育要持之以恒，要坚定信念，坚持不懈，一以贯之，要着眼于未来，着眼于学生长期的发展。

（五）集体性

虽然教师都是在一定时间内（例如一节课）单独作用于学生的发展的，但不能因此而否认学生发展是教师集体劳动的成果。因为，学生所取得的发展和进步都是全面的，难于分清道德是哪位教师的作用，知识是哪位教师的作用等，都是教师集体劳动的综合结果。每位教师能对学生产生的作用，虽然有大小，但都是重要的，也都是有限的。而且学生的

[1] 杨雄．法言［M］．韩敬，译注．北京：中华书局，2012：10.

发展变化不仅仅是学校教育的作用，还离不开家庭和社会的联合作用。可以说，教师劳动只有建立在其他教师劳动基础上，形成合力，才能发挥最佳作用。这就决定了教师劳动的集体性。

关于教师劳动的特点问题，许多著作和研究者所概括的并不完全一致，有多种表述，比如还有系统性[1]、合作性等特点，这反映了教师劳动看似平常，实则内涵丰富，具有多方面的特点。全面而准确地认识教师劳动，对于全面而准确认识教师职业有重要作用。

二、教师的价值

教师的价值及其实现是教师职业进一步提升到专业的重要方面。教师的天职就是要教书育人，而教师职业的直接社会价值就体现在“教书”“育人”之中。“教书”方面体现出教师对文化传承、传播、发展的作用，“育人”方面体现出教师职业对学生发展、为社会未来培养人才的价值；同时，从整体上分析，融入“教书育人”之中的，就是教师对社会的导向价值。

（一）教师对文化传承、传播、发展的价值

教学内容是教师与学生发生作用的中介。广义的教学内容不仅是书本知识，还应包括教师的人格等内化为教师素质的因素，教师就是文化符号，这些都是文化因素。无疑，教师就是在教育教学过程中，把经过筛选的人类的优秀文化传递给学生，而且这种传递是高效率的、扩大的，是传播式的。而教师又不是简单地传递和传播文化，他们还改造、创造、发展人类文化，为人类文化的生生不息和不断超越做出巨大贡献，使人类文化不断增值和发展。

（二）教师对学生发展的价值

教师要以育人为本。有的学者将人的生命分为自然生命、文化生命和社会生命，自然生命是父母所给予的，文化生命则是教师给予的，自然生命与文化生命合成一个人的社会生命，使人成为社会意义上的人，成为对社会有价值的人。因此，人只有接受教育，才能成其为一个完整意义上的人，一个社会意义上的人。教师就是社会人的培养者，是学生

[1] 扈中平，李方，张洪俊．现代教育学［M］．北京：高等教育出版社，2000：254-255.

向上发展的扶梯，向前发展的助推器。可以说，教师对学生发展的价值难于估量和不可替代。

（三）教师对社会示范导向价值

教师职业是一个特殊职业，他不仅影响年轻一代发展，而且还影响整个社会风气。社会所提倡的主流思想、价值观等，都会在教师的教育教学中找到根源。可以说，教师就是社会的一面精神、文化、道德大旗，对于整个社会具有导向价值。这也对教师的示范作用提出了更高的要求。

随着经济社会的不断发展，教师的之于社会发展的价值越来越大。而且教师的价值还不限于社会价值，它还有很强的个人价值，能满足教师多方面的个人需要。比如有劳动保障价值，自我实现价值和怡情价值等[1]，也就是说教师职业价值还有其对自身安身立命、体验职业幸福的价值，这一点不容忽视，它是教师工作的内在动力。可见，教师价值是多元的，全面认识教师价值，有助于全社会形成尊师重教的风气，有助于提高教师的社会地位和待遇。

第三节　教师专业化

一、教师专业化及职业、专业内涵

（一）教师专业化

教师专业化问题是当前教师教育及教师发展的主要热点问题，教师教育及教师发展的趋势就在于教师专业化。所谓教师专业化，无非是指按照一定的专业标准，通过一定的途径和措施，使教师职业由现在的半专业、准专业状态逐步发展到专业状态，换言之，使教师职业成为专门职业是教师教育及教师发展所追求的方向。

当前教师专业成为教师职业的新形态，被提到日程上来，是因为当今时代对教师职业提出了比以往更高的要求。这是社会发展、进步的结果。回顾人类历史发展的漫长历程就会发现，教师职业经历了一个萌芽、产生、发展到专业的历程：即从原始社会的不分

[1] 扈中平，李方，张洪俊. 现代教育学［M］. 北京：高等教育出版社，2000：257.

化“耳濡目染”型“教师”，到“以吏为师”“以僧为师”，到师范（教师）教育的产生和发展，及到今天的教师专业化历程。这个发展历程是伴随着人类社会的发展、进步而发展的。可以说，教师专业化是21世纪社会发展对教师职业提出的现实要求，是提高教师素质、社会地位和待遇的必然途径，这必将推动我国教育质量与效益的进一步提高。

（二）职业与专业

专业是由职业发展而来的。一个职业能否被社会认可成为专业，其要具备一定的条件或达到一定的标准。在这里，有必要对职业与专业作些分析。

1. 职业

职业是社会分工、产业分化的结果。从词源上分析，国内外职业有以下含义。

在我国，“职业”离不开“职”和“业”的含义，“职”指职务，即执掌之事，如我国古代《书·周官》中所谓“六卿分职”。“业”指业务，即事务，如我国古代把要做的事刻到木棒上成锯齿状，每个锯齿代表一件事，每完成一件事情就去掉一个锯齿，叫作“修业”。“职业”一词连用，最早见于《国语·鲁语》：“昔武王克赏，通道于九夷百蛮，使各以其方赂来贡，使勿忘职业。”

在英语中，“Vocation”（职业）一词由拉丁文“Vocare”转化而来，指由神感召而得的圣职。德语中“Beruf”（职业）一词同样具有天职的含义。可见，无论英语还是德语，从词源上看，“职业”都具有浓厚的宗教色彩。英语中的“Vocation”曾专指以体力劳动为主的比较“低下”的职业，如农业、手工业、工业、商业等，并将从事这些劳动的人称为“职业人”，而用“Profession”专指那些从事脑力劳动或者受过专门训练的职业，如政治家、僧侣等。[1] 当然，现在的“Profession”和“Vocation”都是中性词，不带有褒义或贬义色彩。

从现代意义上讲，职业的含义比较明确，是指人们在社会中所从事的相对稳定的作为主要生活来源并以此为社会服务和体现自我价值的专门工作。这需要从四个方面把握此含义，第一，职业必须是社会分工产生的，被社会所承认的有益的工作；第二，职业必须是相对稳定的，不是可有可无的，也不是临时的，有一定的连续性；第三，职业必须是“为群服务”的，是服务于社会的，是社会所必需的，从而也是个人发展和体现人生价值的主要渠道；第四，职业是能够“为己谋生”的，是个人愿意以此获取谋生资料的主要来源。

[1] 李守福. 职业教育导论［M］. 北京：北京师范大学出版社，2002：9-11.

2. 专业

关于什么是专业，人们进行了多方面的探讨。如，凯尔·桑德斯认为，专业是指一群人在从事一种需要专门技术之职业，这种职业需要特殊的智力来培养和完成，其目的在于提供专门性的社会服务。根据这个定义，凯尔·桑德斯指出传统上最古老而典型的三大专业是牧师、医生和律师。又如，日本学者石村善助认为，所谓专业，是指“通过特殊的教育或训练掌握了已经证实的认识（科学的或高深的知识），具有一定的基础理论的特殊技能，从而按照来自特定的大多数公民自发表达出的具体要求，从事具体的服务、工作，借以为全社会利益效力的职业”。概括而言，我们认为，专业是指一群人在从事一种必须经过专门教育或训练，具有比较高深和独特的专门知识和技术，按照一定的专业标准进行活动，通过活动解决人生和社会问题，促进社会进步并获得相应的报酬待遇和社会地位。可见专业的特点比较明显，有其专门标准，诸如专门教育训练，专门知识、技能或技术和专门服务等。因此，职业不等于都是专业，不是什么职业都具备专业的标准。教师职业成长为专业，也必须有自己的专业标准。

二、教师专业标准

关于教师专业标准，也有许多学者予以探讨。如美国卡内基教学促进会主席、社会学家利伯曼（M. Lieberman）1958年作出的专门职业的定义[1]：

①范围明确，垄断地从事于社会不可缺少的工作；

②运用高度的理智性技术；

③需要长期的专业教育；

④从事者无论个人、集体，均具有广泛的自律性（autonomy）；

⑤在专业的自律性范围内，直接负有作出判断、采取行为的责任；

⑥非营利，以服务为动机；

⑦形成了综合性的自治组织；

⑧拥有应用方式具体化了的伦理纲领（code of ethics）。

（Education as a Profession pp. 2–5, Prentice-Hall. 1965.）

[1]［日］筑波大学教育学研究会编. 现代教育学基础［M］. 2版. 钟启泉，译. 上海：上海教育出版社，2003：452–453.

随后，1966年国际劳工组织和联合国教科文组织发表了《关于教师地位的建议》，明确指出，“教育工作应被视为专门职业。这种职业是一种要求教师具备经过严格并持续不断地研究才能获得并维持专业知识及专门技能的公共业务”。世界上大多数国家都采纳了这一建议。从此，“教师专业化”成为一种趋势。教师职业成长为专业也离不开条件和标准。在这个问题上，中外许多有识之士都从不同角度作了一些探讨，提出了一系列标准。概括其研究共识，可以看出教师专业主要特征如下：

第一，该职业在社会中承担重要社会责任。毫无疑问，综观人类发展的历史，教师始终起着举足轻重的作用，承担着重要的社会责任，并在社会相关的公共政策的形成上拥有强大的发言权。

第二，需要具备专门的知识与技能，并需要终身学习和专业发展。教师职业具有很严格的专业要求，需经过严格地、持续地学习，具有并保持专门的知识和特别的技术。

第三，强调有专业的伦理守则。教育是培养人的活动，教育活动生产的产品不是物，而是人——学生。因此，教师承担着教书育人的职责，教师的学识、仪表、言行都对学生产生着或正或负的影响，要求教师这一职业必须有高度的自律和职业道德规范。

第四，具有专业自治的团体。作为社会活动的一个专业领域，教师享有有效的专业自治。也就是教师作为该组织的成员，在专业性实践范围内拥有做出自主判断的自由。

结合上述认识，我们按照矛盾的特殊性、事物存在的基础条件（起点）、实践条件（过程）及最终结果达成度（结果）的逻辑，提出对教师专业条件和标准的一些看法[1]。

1. 不可替代——承担特定的、重要的任务（特殊性）

一个职业是否是专业，最基本的条件不仅仅在于它是否承担特殊的任务，更在于它是否承担重要的任务。因此，所承担的任务的特殊性和重要性是任何一个职业上升到专业的最基本的条件，是衡量职业是否达到专业水准的首要条件。

如果教师专业的社会价值及其他功能很容易被其他行业、职业所取代，则教师专业就是可有可无的职业，就谈不上专业化问题。同样，如果教师承担的任务并不重要，至多只能称为职业，而非专业，从而也谈不上专业化问题。只有教师职业承担社会所赋予的特定的、重要的任务，发挥特有的功能，才能成长为专业。毋庸置疑，教师职业具备了成为专业的最基本条件，教师职业的特殊性和重要性是显而易见的，即教师职业承担特定的任

[1] 刘彦文. 教师职业从准专业到专业：标准探讨[J]. 上海教育科研，2002（8）：12-14.

务——即培养人，这不是其他职业所能取代的，同时，培养人的任务又是重要的任务，甚至可以说，培养人的任务完成的好坏，是国家、民族能否兴旺发达的关键。总之，教师职业上升为专业最基础、最必要的标准是，必须承担、完成自己特有的、重要的社会任务，发挥特有的功能，体现特有的社会价值，也就是教师专业必须在人才培养上做文章，下力气。

2. 门槛较高——不是人人都能做教师（基础条件）

任何专业，都仅仅是一小部分“精英”的职业，不是所有的人都具备从业资格的，即专业需从业者具备一些基础条件：比如要具有不同寻常（非凡）的专业知识、品质等，这些要么需要长时间，要么需要高智力，或者同时具备，才能拥有。教师作为专业，也需要一定的从业资格。比如，从一般意义上讲，教师需要拥有要传递的学科知识（是注重精深性的科学知识），如何顺利实现师生交往的方法及如何传递知识的知识（是注重艺术性、个人化的教育与教学知识），一些支撑知识（是注重广博性的文化基础知识）。上述知识体系的核心要素是注重艺术性的教育与教学知识，这是教师专业所独有而其他专业所不具备的专门知识。不具备精深的科学知识和广博的文化基础知识，就不能成为一个教师，不具备艺术性的教育与教学知识就不能成为一个好教师。再比如，教师专业还需要教师具备高尚的职业道德，核心是教育爱：关爱学生、热爱教育事业。此外，还有政治素质、心理素质、身体素质等。这些都是作为教师专业所必需的基本品格。

上述品格不是人人都拥有的，仅仅是小部分先进知识分子所具备的，也不是一朝一夕就能具备的，而且不是一劳永逸的，需要不断地补充和提高。这表明了教师专业的门槛高、要求高，需要长期的专业训练和准备。

3. 实践操作较难——不是很容易完成（实践条件）

一个具备教师基本资格的人，要想成为一位好教师，还必须要经过长时间的实践锻炼，以及自身的不断反思，才能成长为好教师。换言之，由经验型、操作型教师发展到反思型教师，是教师专业所必需的。这种实践过程，需要教师具备一些实践性条件：对课堂的把握、监控、管理能力，组织、传递教学内容的能力，融洽师生交往关系的能力，形成独特的交往风格（语言风格）的能力，教育探索、研究能力，终身学习的意识及可持续发展的能力等。这些能力是具体情境中的特质，是决定教育、教学工作成败的关键。教师能否做到令学生、家长及社会满意，就要看他的基本学识能否在实践中运用而发挥很好的作用，关键是否具备上述能力。这不是朝夕所能拥有的，也不是简单模仿所成的，是需要长时间的锤炼而就的。

与其他专业比，教师专业的难度也很大。众所周知，律师及医生是公认的专业，但二者的专业性质其实与教师的专业性有很大不同，医生与律师的对象都是有明确问题的，且基本上属于客观问题，答案是唯一的。而教师作为专业却拥有比律师及医生更困难的问题，即人的发展是复杂的，是受多种因素影响的，比如学校因素、家庭因素、社会因素，这意味着学校教育不能完全决定自己的作用，而且，人的发展模式也不是唯一的，甚至每个人的成长都具有个性化特点，从而使教育工作具有科学性与艺术性结合的特点，是需要超智慧的专业。这充分说明教育工作是具有很大难度的工作，培养人的任务不是很容易就能完成的。

4. 社会广泛关注——劳动成果具有满足受教育者个体自身和社会的需要的高价值（结果达成度）

一般而言，一个从事某一职业的人员，只有充分利用自身条件，充分发挥自身优势，很好地完成了社会所赋予的任务，劳动成果被社会所承认，才能被认为具备了专业的资格。因此，教师职业具备了前述3个标准还不足以成为专业，她必须以她培养的人才来确证自身的专业地位。换言之，产品具有重要价值，具有社会认可度，这是评价专业价值的最终标准。

教师专业的最终目的是促进受教育者在现实条件基础上得到尽可能充分、统一、自由、全面的发展，使之成为生活的参与者、创造者和享有者，成为生活的主宰者，成为生命本质的占有者。受教育者的良好发展又是社会发展和进步的主体力量。只有以高效益、高质量的生产满足受教育者个体自身和社会的需要，教师职业才能在最终劳动成果上有高的价值达成度，才能称得上真正的专业化教师。

总之，教师职业成为专业必须具备上述条件或达到上述标准，否则教师职业只能是处在向专业化进军的历程中。不可否认，教师专业还需要其他有关条件，但上述条件是最基本的条件。

对照上述标准，不难发现，我国教师职业仍不能完全称之为专业，应该是正处在由半专业向专业发展的过程中，这也是教师专业化所要解决的问题。换言之，教师专业标准是一个“应然性”问题，而教师能否、是否已经成为一种专业却是一个建设性的问题，属于“实然性”的范畴。可以说，我国教师专业化的发展任务还很艰巨。每一位教师和有志于教育事业的人，都必须从不断提高自身能力和素质做起，不断推进我国的教师专业化发展，大力提高教师职业的专业化程度，为教育事业发展作出新的贡献。

三、教师专业发展

自1966年提出教师专业化的呼吁至20世纪70年代末，世界范围内教师专业化运动没有取得实质性的进展。但自1980年开始，在《世界教育年鉴》以“教师的专业发展”为主题发表的一系列文章的进一步推动下，教师专业化运动才得以迅速发展。《世界教育年鉴》提出教师专业化的目标有两个：

一是将教学工作放在整体社会结构中加以分析，提出教师是社会职业分层中的一个阶层，其专业化的目标是争取专业的地位与权力及力求集体向上流动。这是社会学者的一种研究取向。

二是认为教师是提供教育教学服务的专业工作者，专业化的目标是发展教师的教育教学的知识和技能，提高教育教学的水平。这种以发展教师的专业素养和能力为目标专业化的取向，应是教师专业化的根本方向，也就是说教师专业化要落脚于教师的专业发展。

自此，教师的专业发展成了教师专业化的方向和主题。人们越来越认识到，一个职业能否成为专业，根本上要看其专业教育的水准，看其专业发展。因此，提高教师专业地位的有效途径就是要不断改善教师的专业教育，从而促进教师的专业发展。教师专业发展就是教师个体专业不断发展的历程，是教师不断接受新知识，增长专业技能的过程，是一个教师的职业理想、职业道德、职业情感、社会责任感不断成熟、不断提升、不断创新的过程。只有不断提高教师的专业水平，才能使教育教学工作成为受人尊敬的一种专业，成为受社会承认的具有较高的社会地位的一种专业，也才能提升其社会声望。

教师专业化的发展离不开经济社会发展的大背景。之所以在20世纪80年代后教师专业化成为重要的课题，也还因为其发展的必要性更加迫切，人们对教育的期望越来越高。此时，随着世界范围经济竞争和科技竞争的加剧，各个国家把教育摆到了社会发展的战略位置。例如，美国政府在日本和德国经济腾飞的压力下，重新审视本国的教育状况，向全国大声疾呼：国家处在危急中，教育改革势在必行。在世界教育改革的浪潮中，人们越来越认识到，教育改革的成败关键在教师，只有教师专业水平的不断提高才能造就高质量的教育水平。因此，人们对过去忽视教师专业发展和教学技能的提高的做法给予了强烈的批评，教师专业化目标的中心亦开始转到了教师的专业发展上。例如，1986年美国的卡内基教育和经济论坛工作小组、霍姆斯小组相继发表了《国家为培养21世纪的教师作准备》《明日之教师》两个报告，同时提出了以教师的专业发展作为教师教育的改革方向，努力提高教师的专业化水平。至今，各国推进教师专业发展的工作在如火如荼地进行着，一些国家进一步加强了教师教育改革，提高了小学教师学历层次，有的国家小学教师研究生学历达到20%以上甚至一半以上。部分主要发达国家的改革情况如下。

1. 关于师范生实践能力培养的模式改革

当前，一些主要国家比较重视师范生实践能力培养，但各国的培养模式有很大区别，具体如下：

美国的教师教育属于"临床实践型"模式。美国学者Les Stein等认为，20世纪80年代美国的"临床实践型"教师教育模式应运而生，该模式强调实践的重要性，要为师范生提供一年的"驻校实习"。

英国的教师教育将学校实习模块作为教师教育课程设置的三大模块之一。英国学者Anto-nina Chychuk认为，英国教师教育重视实践教学，以教育研究生文凭模式为例，学校实习模块总学时达到了20周。而且，英国教师教育特别重视大学与中小学的合作伙伴关系，有的培养单位的2/3的课程在合作学校，1/3的课程在大学。

日本特别注重学生的实践能力的培养。广岛大学小学教师培养课程规定，先对学生进行实习入门和实习前指导教育，然后在大学三年级进入正式教育实习阶段，培养学生的实际指导能力。日本实施的"教师职业研究生院制度"，突出教学的实战性：教学内容主要是通过事例研究、模拟授课等形式，传授实用性教学内容和教学方法，毕业授予硕士学位。

总之，各国加大了师范学生的教育教学实践能力的培养力度，有利于提升其专业水平和职业适应性。

2. 关于提高教师职业吸引力方面措施

各国采取了系列积极措施不断提升教师职业标准和教师职业吸引力，从而吸引更优秀的人员从教。

英国2011年颁发了《培训下一代优秀教师》，认为一些教育质量最好的国家，如芬兰和韩国，教师来自大学毕业生中最优秀的10%。鉴于此，英国提高教师准入标准，只有英语和数学能力测试达到较高标准者才能进入教师教育学习，且只有取得二级及以上学位证书者才能获得政府助学金。禁止学位水平三级及以下者接受教师教育。实行新的绩效工资制度，使教师工资基本达到公务员的工资水平。

日本实施的“教师职业研究生院制度”，大力提高教师的学历层次。近些年，日本的师范类研究生就业形势良好，受到中小学青睐，而本科层次的师范生则就业比较困难，预计将来研究生成为教师队伍主体。而且，日本重视提高教师待遇吸引优秀人才，中小学教师初任工资已超过一般公务员工资的16%。

美国从奥巴马政府开始引入教师薪酬激励机制，奖励优秀教师，激励教师投入教育。同时，美国建立中小学教师驻校制度，鼓励中小学一线教师加入高校培养师范生，一些美国大学的教育学院、承担教师教育项目的专业学院，经常聘请一些小学、中学教师参与职前教师培养方案的制订，为师范生讲授、合作讲授一些必修课程，指导学生教学实践。这些教师驻校时间一般为1～2年，驻校期满回原来学校。

在芬兰，教师拥有高度的职业幸福感，他们受到社会的信任和尊重，有高度的专业自主权，教师的待遇非常高，能吸引全国最优秀的人才当中小学老师，而且申请教育专业的几乎都是大学入学考试前20%的学生。

可见，不管是教师队伍建设走在世界前列的日本、芬兰等国，还是教师队伍建设相对落后的美国、英国，都在采取积极措施，进一步提升教师队伍的建设水平。

3. 关于教师教育模式改革

教师教育人才培养模式的改革也是当前提高教师专业水平的重要基础，一些国家的改革力度越来越大。

美国主要的中小学教师培养院校（模式）是传统的综合性大学所开展的教师教育，主要采用“大学+师范”的模式，学生先接受3～4年的通识教育，再接受1～2年的教师专业教育。新兴的是教师专业发展学校开展的教师教育，该模式是美国综合型大学的教育学院与地方的公立中小学或是学区合作成立的一种师资培养模式，在校师范生有一年的时间融入中小学去实习。此外，还有文理学院、选择性教师教育等教师培养院校（模式）。

英国综合大学教育学院开展职前教师教育培养模式，其主要负责英国中小学教师的培养。英国的职前教师分为3个层次：教育学士荣誉学位（BED）课程和研究生教育证书（PGCE）课程、硕士学位及博士学位课程。BED主要是面向定向师范生，PGCE对象范围较广，面向已取得非教育学士学位而欲从事教育职业的人员，硕士学位和博士学位课程主要面向在职教师。BED和PGCE是英国师资职前培训的主要形式。BED主要培养小学教师，培养模式为“4+0”，即学科专业学习与教育专业训练同时并进。PGCE课程主要培养中学教师，培养模式为“3+1”模式，即先获得学科专业学士学位，一般为3年，然后再接受1年或2到3年的教育专业训练。

总之，从上述一些发达国家的教师专业发展工作中可见：各国非常重视教师专业发展问题，他们采取了提高教师教育准入门槛和培养层次，提高教师待遇吸引优秀人才，加强实践能力培养，强调教师培养者的一线经历，融合政府、大学和中小学的合作关系，构建新型的精品化、特色化教师培养机构培养卓越教师人才等有效措施，必将对世界各国的教师教育改革、教师队伍建设都有很强的启发借鉴意义。

至今，教师教育改革作为教师专业发展的重要基础和推进形式，是教师专业化的核心主题。可以说，将来的教师专业化要求必定会越来越高，教师职业达成真正的专业也将成为必然。

实际上，我国在提高教师专业化素养方面也从直接或者间接方面不断加大工作力度，并取得了很好的成效。直接方面的工作主要是针对培养、培训环节开展有关工作，例如，进一步明确了各级各类教师专业标准，从专业理念与师德、专业知识、专业能力三个维度和相应的十数个专业领域提出了教师专业基本要求，为新的教师教育课程体系的构建奠定了重要基础；在培养模式方面的改革则大力推进师范类高校、政府和中小学的合作，确保师范生培养能够满足就业单位需求；在实践教学方面则不断延长师范学生的实习等实践教学环节的教学时间和加大师范生教学技能培养力度；鼓励一流综合性大学积极承担教师教育工作，像南京大学等一批名校开始招收本科师范类学生；大力推进教师教育专业的认证工作，以认证为基础和措施保障构建高质量的教师教育体系；加大了教师教育专业建设的经费支持力度。在研究生层面则不断高教育硕士、教育博士的培养数量和质量，开展了本科、教育硕士一体化的“4+2”等培养模式的探索和实践，优化了人才培养的课程体系，加大了实践环节和毕业论文等方面的质量保障力度。同时，在职后培训提高方面则加大了各层次的教师培训工作力度，并重视校本培训工作和推行师傅带徒弟的培训模式，使培训更有针对性和实效性。间接方面的工作主要是通过有关工作保障教师权利，不断提高教师行业的吸引力，例如，各级政府、新闻媒体都在提升教师声望和提高教师待遇等方面进行了积极地号召和宣传，并按照法律有关要求，教育部专门派出检查督导组督促各地切实落实义务教育教师工资制度，确保了义务教育教师工资不低于公务员平均工资水平。可以相信，随着对教师队伍建设的更加重视和教师教育改革力度的加大，我国教师专业化进程必将进一步加快，取得更好的成绩，为教育事业的腾飞保驾护航。

第二章　教师地位与待遇

教师地位和待遇问题一直是一个热点问题，尤其是教师待遇问题，我国在近些年无论在理论上还是政策上，都一直呼吁和强调要大力提高教师待遇，但在实践中总有一些不尽如人意之处，致使教师职业的吸引力还不够，教师价值和作用的发挥还不理想。鉴于此，需要对教师地位和待遇提升问题作一些探究。

第一节　教师地位

一般而言，教师的地位可以从两个角度考虑，分别是法律地位和社会地位。

法律地位主要是指法律赋予教师的身份地位。对于教师的身份定位，世界各国都有不同规定，大致有公务员、雇员、公务员兼雇员3种类型。各国私立学校教师大都属于雇员身份。公立学校教师身份差异比较大，如美国、日本、法国等国家的公立学校教师属于国家公务员；而德国等国家的公立学校的兼职教师以及暂时尚未达到公务员任命条件的一些专职教师即属公职雇员教师；还有一些国家如英国等国家的公立学校的教师则兼有公务员和雇员的双重身份。我国的教师不属于国家公务员，民办学校教师属于雇员身份，公立学校教师身份介入公务员与雇员之间的事业单位专业人员身份。我国的教师法等相关法律对教师的权利和义务等提出了明确的要求：作为专业人员，教师必须符合专门规定的相应条件，同时也享有一定的专业自主权，而且教育教学、教书育人是教师的基本职责。

社会地位是指社会成员基于社会属性的差别而在社会关系中的相对位置以及围绕这一位置所形成的权利和义务关系[1]。教师的社会地位包括专业地位、经济地位、政治地位、文化地位等。教师的专业地位，主要是指教师职业作为专业为其带来的较高的社会地位及所产生的权利和义务，这种地位的高低主要取决于其专业性的强弱。教师的经济地位是指

[1] 扈中平，李方，张洪俊. 现代教育学［M］. 北京：高等教育出版社，2000：258.

教师的物质待遇所达到的相对高度。经济地位决定了教师的职业声望、职业吸引力以及教师从事该项职业的积极性和责任感，它是决定教师社会地位的最重要指标。有的研究指出，在我国，教师的经济地位对其社会地位的影响是最大的，占70%的权重[1]。需要指出的是，虽然近些年国家层面一直强调提高教师待遇，而且教师待遇也有了一定程度的提高，但不容忽视的是，我国教师的经济地位还亟待进一步提高，以便吸引更优秀的人才从事教育行业。政治地位体现了社会对教师的评价以及教师在政治上应享有的各种待遇。应该说，政治上，各国教师的地位与其他公民一样，都具有平等的权利，承担平等的义务。文化地位体现了教师在社会文化、观念、道德等构成的综合形态中的地位。

一、我国历史上的教师地位

我国历史上，教师的地位变化很大，且不同层次的教师的地位差距也非常大。

从儒家鼻祖、“万世师表”的伟人孔子起，儒家文化就倡导尊师重教。到春秋战国时期的文化集大成者荀子之时，尊师之风极盛，他甚至提出了“天地君亲师”之说，他强调：“天地者，生之本也；先祖者，类之本也；君师者，治之本也；无天地，恶生？无先祖，恶出？无君师，恶治？三者偏亡，焉无安人。故礼，上事天，下事地，尊先祖而隆君师。是礼之三本也。[2]”此后，民间将“天地君亲师”做成牌位或条幅放置厅堂中央作为祭祀对象。从而把教师地位放到非常高的位置上。一直到今天，人们仍然沿袭古人尊师之传统。这对于发展教育事业，提高教育质量有着很好的促进作用。但是，不能忽视的是，尊师之风在流传的过程中，却出现了扭曲的现象，即古人之尊师，仅仅是尊重亲师及尊重大师，而轻童子之师及非师承之师。换言之，古人只尊重对自己有直接的传道、授业、解惑关系的老师和尊敬万世师表及有地位有身份的大师，而忽视、轻视甚至鄙视童子之师和与自己没有直接传承关系的教师，在一些历史时期有时人们甚至还耻于为人师和耻于言师。在元代，教师曾被安排在行九的位置，即一官二吏……九儒十丐之说，教师地位仅比乞丐高一级，名列第九级。在“文化大革命”时期，教师甚至被污蔑为“臭老九”，被推到了人民的对立面，地位低下至极。

[1] 鲁洁. 教育社会学[M]. 北京：人民教育出版社，1990：452.

[2] 荀子. 荀子[M]. 张觉撰，译注. 上海：上海古籍出版社，2012：267.

二、西方历史上的教师地位

在西方，教师的地位也有很大发展变化。古希腊雅典伺候奴隶主子弟学习的成年奴隶，名叫教仆。奴隶主的子弟上学和放学时，教仆跟随伴送，并为他们携带学习用具。教仆也向儿童传递知识，然而身份依然是奴隶，主人随时可以把他们贴上标记，定出价格到市场上拍卖[1]。文艺复兴以后，教师的地位与作用日益受到重视，夸美纽斯在《大教学论》中说："我们对于国家的贡献，哪里还有比教导青年和教育青年更好更伟大的呢？"他认为教师的职业是太阳底下最光辉的职业。但与东方一样的是，在西方直到19世纪，初等学校特别是为劳动人民所设立的初等学校的教师一直不受重视。19世纪以前，欧洲各国初等学校的教师大多数由教堂里的唱诗人、旅馆的掌柜以及"坐着的手艺匠（裁缝、鞋匠等）"兼任。出现这种情况的原因是由于教师的职业不能维持生活，手工业者的收入也难以维持生计，于是许多手工业者兼任教师，把教育儿童当作获得补充工资的工作。当时各国政府为了解决部分手工业者的生活问题，也提倡这种办法。以普鲁士为例，在1722年，便规定乡村小学教师应从裁缝、织布匠、铁匠之中挑选。1738年，为解决裁缝的生活困难，特许他们包办本村的教育[2]。

三、现代教师地位

历史发展到今天，教师的地位已有了很大的提高，但在不同国家差异颇大，这主要表现在经济地位方面。在一些发达国家，随着教师经济待遇的提高，社会地位也有了明显的改观，教师成为一个有吸引力的职业，具有硕士、博士学位的中小学教师已比比皆是，这有力地推进了所在国教育的发展，并从而通过人才培养促进了经济社会的发展。

就目前我国中小学教师的状况来看，社会地位，主要是经济地位仍然较低，其主要缘由在于许多人还没有真正重视教育，没有真正把教育视为立国之本，没有真正理解教育的功能与价值。由于教师经济待遇偏低，难以吸引优秀人才从事教育事业，致使从业者整体素质未达到理想要求，成为地位提高的瓶颈。如何提高教师经济待遇，把提高教师地位落

---

[1] 郑金洲. 教育通论［M］. 上海：华东师范大学出版社，2000：309-310.

[2] 许椿生. 简谈历史上教师的作用和地位［A］. 瞿葆奎，李涵生. 教育学文集·教师［C］. 北京：人民教育出版社，1991：10.

到实处，是当前乃至今后必须要解决的问题。教师经济地位的提高既受政治经济制度的制约，又受生产力水平等因素的制约，也受传统文化中的负累因素的制约。由于我国长期以来属于穷国办大教育，生产力总体水平还不是很发达，教师队伍比较庞大，以及政策还未完全到位等因素，导致我国教师的经济地位和物质待遇等方面还有不尽人意之处。与国家公务员及国民经济的相关行业相比，工资收入还有待提高，甚至有个别地区还存在教师工资被拖欠的现象。虽然近两年教育部加大了教师工资待遇提高的监督检查力度，并收到了很大的成效，但由于各地方政府财政能力参差不齐、管理水平高低不一，进一步提高的政策欠明晰，将来如何确保教师待遇的进一步提高问题亟待研究。

可以说，在我国，教师待遇问题是关系到教师素质高低、教育质量高低，甚至关系到民族兴亡、国家强盛与否的重要问题，概言之，是关系到国家和民族生死存亡的重要问题。纵览古今中外，可谓“国将兴，必贵师而重傅，贵师而重傅，则法度存”，尊师重教，则是国家兴旺发达的基础。教师待遇低，这是我们在实际中对教师重视不够、教育重视不够的表征。要从根本上解决我国教师经济地位问题，需要充分认识到教育和教师的价值，并寄托于社会各界共同努力将认识转化为政策和行动。教师经济地位的提高，可以更好地吸引最优秀的人才从事教育工作，为国家培养更多更优秀的人才。也就是说，只有大力提高全体教师的待遇，才能振兴全部的教育，才能更好地振兴民族、振兴国家。

第二节 教师经济待遇提升的新观念

提高教师地位的首要任务是要提高教师的经济待遇。虽然我国在把教师待遇提高到不低于公务员平均水平方面加大了工作力度，并取得了一定成效，但即使这样，我国教师待遇在整个国民经济体系的一些主要行业中仅仅属于中等偏上水平，离理想水平或者一些比较成功的教育先行国家而言，还有很大差距，需要进一步加快提高教师待遇的步伐。我们现在的状况，其原因不外乎是经济发展总体水平低，教师总体水平未达到理想高度，历史传统的消极影响及对教师和教育价值的认识不够等，其中，关于教师及教育的价值的认识问题是最重要原因，这导致没有树立起正确的关于教师待遇及地位的观念。因此，应切实转变观念，走出一些观念误区，把教育和教师职业价值放到应该有的、也是前所未有的位置上来考察，切实做到“再穷不能穷教育”“再穷不能穷教师”。

一、教师职业应优先发展

教师待遇要体现教师职业优先发展——转变教师待遇及地位略高于平均水平的观念，树立起教师待遇及地位远远高于平均水平的观念。

作为一名教师，能够体会到其中的辛苦和劳累，当然，更不乏欢乐和幸福。但我们更深深地懂得和体会到教师的重要，以及深深地了解教育事业亟待提高质量的现状。下一代耽误不起，我们的民族复兴之梦也离不开一代又一代的优秀教师去培养更优秀的学生。我们需要高素质的优秀教师，一些有识之士也大声疾呼“让最优秀的人从教”。理想的待遇及地位会吸引优秀的人才从事教育事业。当然不否认，教师队伍中已不乏“学而优则师”的优秀人才，但我们更期望社会真正形成普遍的、持久的“学而优则师”的喜人局面。这一切都呼唤教师待遇及地位的提高。

其实，提高教师待遇及地位，使其远远高于其他社会职业的待遇及地位的平均水平，是天经地义之事。这是因为，第一，如果从学历素养方面看，可以断言，教师职业需要教师的平均素质远远高于其他社会各类人员的平均素质，因此，在我们这个注重学历兼能力的社会，教师待遇及地位自然应非常高，只有这样，才能体现公平。第二，如果从教师的劳动性质出发：复杂、创造、繁重、长期、连续、示范等教师劳动性质，无不要求教师不同于常人，决定了教师所付出的劳动要超过大多数其他专业工作者，因此，依据按劳分配原则，教师劳动的报酬也应超过其他大多数专业人员[1]，更不用说非专业人员。第三，虽然一个行业的兴衰不能简单地和它的社会价值画等号，但一个行业的社会价值却应体现在它的从业人员的待遇和地位上。我们知道，民族振兴的希望在教育，教育振兴的希望在教师。因此，教育事业的社会价值不言而喻，教师的社会价值显而易见。所以，如果从教师职业的重要性方面讲，教师在传承、创造科学文化，培养未来人才，导向社会价值等方面具有重要意义，因此，教师待遇及地位应体现教师职业的价值。第四，我们正在努力向着教育优先发展的轨道上转变，这是令人欢欣鼓舞的变化，而优先提高教师待遇和地位是教育优先发展的首要表现。

基于上述分析，只有把教师的待遇及地位提高到较高的水平，才是符合了公平原则，体现了按劳分配原则，褒扬了教师劳动的崇高性，从而也才是真正落实优惠、优先发展教育的方针。

---

[1] 厉以贤，柯文澄，傅维利．现代教育原理［M］．北京：北京师范大学出版社，1988：376.

二、教师待遇应高于公务员待遇

教师待遇必须绕过公务员待遇这道坎儿——转变教师待遇及地位应不低于公务员待遇的观念，树立起教师待遇及地位应大大高于公务员待遇的观念。

我们的法律明确提出，“教师的平均工资水平应当不低于或者高于国家公务员的平均工资水平，并逐步提高”[1]，虽然这对提高教师待遇起了一定作用，但我们应清醒地认识到它的局限性。具体而言，第一，在当前，我国的公务员待遇各地数据未有公开，缺乏相关统计数据作比较，因此，二者比较起来有很大难度。第二，从另一个角度讲，把教师待遇与公务员待遇相比较，是自觉不自觉的“官本位”思想的复活和体现，即以“官”为准、以“官”为核心、万事高不过“官”。鉴于此，教师待遇的提升必须绕过公务员待遇这道坎儿。

进一步讲，即使以公务员为标准，也应把教师放到高于这个标准之上，应以师为本位，只有这样，二者相提并论才有积极意义。放眼世界，我们就会发现，许多经济腾飞的国家和地区，都把教师的待遇提高到比公务员高50%左右的水平上：日本高中教师月薪为36万日元，而税务公务员为25万日元，公安公务员（两类）为26万和23万日元，况且日本教师每年还有3次奖金（约合5个月的月薪）[2]；我国香港地区，香港教育学院毕业生的起点工资是1.8万港币，而香港科技大学和香港大学的毕业生的起点工资才1.2万～1.3万港币。这对于我们应该有所启示：如果把教师和公务员相比，不应简单地对比，而应把教师待遇提高到高于公务员待遇的水平上，甚至达到高于50%的水平；同时，不真正提高教师待遇、提高教师素养、提高教育质量，必然会影响人才培养质量，从而影响社会的整体发展。

三、教师待遇的提高须落到实处

仅仅依赖舆论宣传不能真正提高教师待遇及地位——转变过分依赖于舆论宣传（务虚）而提高教师地位的观念，树立起通过真正的提高教师的待遇（务实）而提高教师地位的观念。

---

[1]《中华人民共和国教师法》第六章第25条.

[2] 苏真. 比较师范教育［M］. 北京：北京师范大学出版社，1991：439–440.

大家可能有个普遍感受，给教师加薪之事经常会被搞得大张旗鼓、沸沸扬扬，但总有些雷声大雨点小之嫌。不可否认，教师的待遇在近些年在逐年上涨，尤其重点高校教师和发达省市的中小学教师，但是，如果细作横向对比，就会发现教师职业仍处在劣势，不太受欢迎，例如，由于待遇不高，上海地区的上海本地年轻一代选择做教师的人越来越少，所以有些人担心，在未来教上海学生的老师可能多数不会说上海话、缺少上海文化背景；北京地区由于户籍限制，虽然师范专业还比较受欢迎，但学生总体分数偏低、以女生为主的情况一直未有根本性的改变。这都与教师待遇不高有必然联系，急需扎扎实实提高教师待遇。

众所周知，市场经济条件下，一个职业声望的高低，离不开从业人员的物质待遇，甚至取决于物质待遇，而精神收获则对其影响很小。因此，单靠舆论宣传这种务虚的做法（虽然有时候是很有必要的），是不能收到最好的效果的，是不能真正地提高教师待遇的，也不能真正地提高教师职业的声望。只有踏踏实实在教师待遇上下力气，以务实的措施——大力提高教师物质待遇，才会真正提高教师地位，也才能提高教师职业的声望。

四、以高待遇吸引优秀人才从教

提高教师待遇及地位的意义不仅仅在于稳定教师队伍——转变提高教师待遇在于稳定教师队伍的近视观念，树立起提高教师待遇旨在吸引优秀人才从事教师职业的教育可持续发展理念。

教师素质亟待提高是不争的事实，这需要吸引更多更优秀的人从事教育，否则，可能一代不如一代。不可否认，近些年随着教师待遇的逐步提高师范教育吸引了大批生源，但应认清形势，不应囿于数量而忽视了质量。毋庸讳言，很少有优秀生源加入师范行列。并非优秀人才不热爱教育事业，不懂得教育的重要价值和作用，而多是由于教师待遇太低的缘故。

因此，提高教师素质已刻不容缓。提高教师素质要以大力提高教师待遇为前提。市场经济条件下，经济利益是影响人们选择职业的关键因素。因此，在提倡为事业奋斗（事业留人）以及用感情温暖人心（感情留人）的同时，更重要的是应当为“为师之士”提供必要的、良好的工作环境和生活条件（待遇留人）。不能总是以清高和神圣的眼光看待教师职业，不能期望教师从事不分时空地充满复杂性、创造性和缓效性的脑力劳动，而可以安于收入低微的现状，应为教育事业的发达、教育事业的优先发展而提高教师待遇和地位，从而提高教师素质。不可否认有许许多多热爱并投身于教育事业的教师，他们具有崇高的职业道德，甘于奉献为祖国培养建设人才，但不要因此而忽略对他们经济收入的关心。也可以说，提高物质待遇不仅不会降低教师职业的神圣性，还会大大提高教师的积极性和主动性。

同时，也不应囿于现在教师的素养而进行投入（确实，现在教师整体的素养水平不是很高），而应立足于长远，“风物长宜放眼量”，走跨越式发展的道路。如果永远跟在教师素养后面走，就永远不能吸引最优秀的人才加入到教师队伍中，就不能优先、优惠于教师事业的发展。

以上几点主要从外部层面探讨了提高教师待遇及地位应转变的旧观念和应树立的新观念。但作为教师自身，不应一味地怨天尤人，应从提高自身素养方面下功夫，从而为教师待遇及地位的提高奠定坚实的基础，即教师自身素养是教师待遇及地位高低的内因，可以说，随着教师素养的提高，教师待遇提高就容易成为顺理成章之事。这既是教育工作所必须的，也是高待遇及地位所必需的。

第三节　传统价值观念负累对教师地位及待遇的负面影响

价值观念是人类在其文化创进过程中，为保持自身与外部世界达到一种均衡而产生的文化心理模式。中国传统价值观念是中国传统文化的重要组成部分，是根植于中国传统文化，且是中国传统文化中“活”下来的，延续至今并对国人言行产生深刻而广泛影响的重要因素。中国传统文化是指中华民族在进入现代化社会以前的长期历史发展过程中，形成并渗透在价值观念、思维方式、行为模式、情感态度、知识经验等一切行为系统里的观念、知识和价值体系，是一个多元结构。其中，价值观念处于传统文化的深层次的核心地位，对传统文化的其他的组成部分起导向和定向作用。

每一个民族的传统文化都有积极和消极因素，良莠不齐，中华民族也不例外。中华民族的主流传统文化非儒家传统文化莫属。不可否认，在国家统一、社会稳定、文化繁荣发展等方面，儒家传统文化在历史上起了不可估量的巨大作用。但毋庸讳言，儒家传统文化的历史局限性也清晰可见，相对于当前社会“效率与公平兼顾，以效率为主”“鼓励一部分人先富起来”“勤劳致富，利义并重”等新型价值观念，传统的重等级、尚中庸、倡公义等文化观念，局限性显而易见，对于这些局限性因素，我们不妨称其为文化传统的负累。文化传统负累表现在价值观念方面，就是传统价值观负累，而传统价值观负累又是传统文化负累的主导因素，它依然对今天有着极为明显和深刻的消极影响。具体到教育领域，传统价值观念负累的消极影响也是显而易见，尤其清晰地表现在教师地位和待遇方面。进一步讲，传统价值观念负累与教师地位及待遇有着密切关系，对其有着深刻的消极影响。不可否认，影响教师地位与待遇的因素不止于传统文化及传统价值观，但传统价值观却是看不见、摸不着、“深入骨髓”，对事物发展有极其深刻影响的因素。下面试分析传统价值观负累对当前我国教师地位及待遇的消极影响。

一、畸形的尊师观与教师地位及待遇

如前所述，我国一直有着尊师重教的优良传统。但是教育往往分三六九等，官学比私学更受重视，从而官学的教师比私学的教师更受尊重，而且名师比普通的童子之师更受尊重，自己的业师比其他教师更受尊重。可见，我国尊师之道存在非常严重的畸形尊师观。尊师纯粹是感恩戴德的思想，而非现代社会所要求的那种普遍尊重知识、尊重人才的精神风貌。而且，在今天这种畸形的“尊师观”仍大行其道，这种文化及价值观的历史局限性仍清晰地表现于现实社会中，有关案例仍可俯拾即是，比如对教师之“臭老九”的身份鄙夷，再比如，以“网兜煮水饺”的黑色幽默喻教师之小气等。畸形的“尊师观”严重地影响着教师的地位和待遇。教师是不被人尊重的职业，老师是不被人尊重的人，从而教师就没有享有应该享有的崇高的社会地位，也就没有获得丰厚的物质待遇和高尚的精神待遇。

我们常说，父母给予子女的是自然生命，而教师给予学生的是文化生命，二者的完美结合构成了社会生命体。一定意义上，文化生命是人之所以为人的重要表征。教师价值之大不言而喻。所以，必须大力提倡普遍意义上的尊师。必须改变传统价值观念的负面影响，大力提倡新的尊师观念——尊重全体教师，尊重服务于各级各类教育的教师，包括有直接传承关系和没有传承关系的教师，包括从事高等教育事业的、基础教育的或从事幼儿教育的教师，同时，人们也应“好为人师”——以为人师为荣，并要以求师学习为荣。只有这样，才能为大力提高教师地位和待遇，充分发挥教师作用而撑起保护伞。

二、错误的身份观与教师地位及待遇

儒家文化是形成于封建社会萌芽时期，发展于整个封建社会的主流文化。它作为封建社会的主要统治文化，有与封建社会相吻合的特点，与封建社会的等级及宗法制度有着千丝万缕的联系和极强的一致性。因此，传统价值观具有等级性的烙印是历史的必然，重视身份与等级的价值取向根深蒂固，对今天仍有很深刻的影响。传统的等级社会、身份社会取向对教师的地位及待遇的负面影响主要表现在以下两个方面。

其一，出身观——教师出身的高低决定教师地位及待遇的高低。“尊官贵长”的封建权威主义、官僚主义传统在今天仍清晰地影响着教师的待遇和地位，“官本位”思想就是这种传统的核心。“官本位”思想鲜明地体现于教师的待遇和地位上，比如，国人常常把教师待遇与公务员待遇相提并论，而且体现在有关法规中的表述就是教师待遇不低于公务员的待遇，这是“贵不过官”思想的体现，严重影响了教师待遇的大幅度提高。另外，不可否认，由于教师待遇及地位一直较低，人们对教师的职业的认识有一些偏差，即“家有三斗粮，不做孩子王”。从而，愿意从事教师职业的群体的出身是以经济落后及社会地位低微的家庭为主的（从每年师范院校的生源情况及在校贫困生比重较大情况就能反映出该特点），这种事实给重出身的传统观念以“口实”，也进一步影响了教师待遇的提高。

其二，性别观——重男轻女。从人类进入父系氏族社会以来，男权主义就一直主宰着人类社会的发展。至今，男权主义虽有所消减，但仍弥漫在整个社会领域中。教师职业也没有逃脱此命运。在我国，中小学教师以女性教师为主，即使在高等教育领域，也有为数众多的女教师。不可否认，女教师为我国教育事业的发展做出了非常重要的贡献。但由于社会重男轻女的思想根深蒂固，致使以女性为主的行业不能受到应有的重视。教师行业因此也未受到社会的高度重视，或者说起来重视而实际上有不重视之嫌。

可见，形成于等级社会的传统身份观，是民主进程中的大敌，对于教师地位及待遇的负面影响显而易见。为此，必须尽快扭转“看人下茶”和“有色眼镜”的错误观念，及时树立正确的身份观，做到平等和一视同仁的对待每位社会成员，对待每位教育工作者，为提高教师地位与待遇剔除残余的错误的等级观念、身份观念。

三、极端的义利观与教师地位及待遇

在传统文化中，“贵义贱利”“重义轻利”的思想具有普遍的道德意义，它对人们的影响也非常深刻。根据义、利两字的文化考证，“义”的本义是杀羊分肉，引申为分配，再引申，就是合理分配。“利”的本义是以刀割禾，表示收获财富。可见，在传统文化中，义与利的关系也就是公义与私利的关系。

义利观的发展贯穿于整个封建社会，最终发展成为走向极端化的义利观。从孔子的“君子喻于义，小人喻于利”，到西汉董仲舒的“正其谊不谋其利，明其道不计其功”，可以看出儒家学说的“贵义贱利”思想。后来的宋明理学，更是把义和利对立起来，提出“存天理，灭人欲”的口号。这些，反映到教师方面，就是要“安贫乐道”“谋道不谋食”。传统文化强调公义，强调整体利益高于个人利益，非常可取。但过犹不及，忽视甚至否定个人利益，君子耻于谈私利，视私利为小人之行为，与市场经济条件下的价值观念有明显差距。在当前，只要做到“君子爱财，取之有道”，就应当得到尊重。而且，谋个人之幸福与谋大众之幸福并不相悖，大家和小家都要兼顾，二者可以有最佳结合点。尤其要注意的是，在市场经济条件下，一个人的价值或为社会做贡献大小的衡量标准离不开其获“利”的多少，换言之，一个人价值大小，“利”是一个权衡的重要指标。因此，一个职业如果不能在待遇方面体现出它的价值，则容易被人们忽视它的重要性。教师职业也必须以高的待遇来体现它的重要价值。

反观当前教师地位与待遇就会发现，教师对社会所做的贡献，教师的社会价值，与教师从社会获得的利益极不相称。这与社会崇尚公义，而忽视个人正当私利有必然联系，尤其与社会公认教师在于奉献，“甘为人梯”“燃烧自己，照亮别人”，而忽视教师正常生存、发展的需要有很大关系。因此，要想提高教师地位与待遇，必须树立辩证的、合理的义利观。只有这样，才能为教师在为社会做出巨大贡献时而争取一些正当私利扫除主要障碍。

四、偏颇的中庸观与教师地位及待遇

中庸（平均主义）思想与中国传统文化中知足常乐、安贫乐道、和、不争、克己等价值观念相一致，成为支配人们行为模式的普遍理想和要求。但这种传统却与今天“各尽所能、按劳分配”“效率优先、兼顾公平”等原则所体现的进取、竞争等观念有所抵牾，容易影响人们的积极性、主动性和创造性。

尊师重教的观念正在逐步成为共识，但要真正体现于实际工作中，还需假以时日和不断落实，因为平均主义仍大行其道。从一些典型做法中就可发现平均主义的消极影响。虽然，不可否认，像“教职工住房应不低于城镇居民平均居住面积的水平”“使教师的工资收入逐步达到略高于本市全民所有制职工平均工资收入水平”等决策，对于提高教师的地位和待遇应该有一定积极作用，但这些政策却又反映了两个不争的事实：第一，教师的地位和待遇仍不高，还没有达到平均水平，仍是积极争取之事。第二，教师地位与待遇至多只能被提高到平均水平，而不能远远超越于平均水平，不然就违背了我们一贯奉行的“平均主义”。因此，此类决策清楚地表明：教师地位和待遇还是不能被提高到应该提高的位置。对此，我们必须有一个正确和清醒的认识，上述策略，只能算作提高教师待遇战略中的第一步，而下一步就需要把教师的待遇提高到“令人羡慕”的地位，这应是每一位有识之士、决策者、管理者需要明确认识到并应做出的明智抉择。

我们知道，教育对于社会与人的发展具有先导性、基础性和全局性的战略作用。在今天，它的作用越来越大，与社会及人的发展密不可分。教师作为振兴教育的关键因素，起着不可替代的重要作用，教师对社会及人的发展的影响是久远的，教师的价值是不可估量的。如果仍以平均主义的眼光看待教师的地位或待遇，是非常有害的，极不利于教育事业的健康发展。而且，教师职业越来越成为公认的专业，教师群体的素养远远高于平均，平均的地位和待遇肯定与此严重不相符合。因此，必须与传统的平均主义割裂，遵循按劳分配原则，充分尊重市场规律，体现教师专业的社会价值和经济价值，为提高教师地位与待遇保驾护航。

总之，对我国传统价值观念负累进行深刻和全面的认识，看到它对提高教师地位和待遇的阻碍和负累作用，有利于为教师专业化制定科学正确的政策，从而吸引更多更优秀的人才从事教育事业，促进教育质量的提高，为中华民族的伟大复兴事业奠定最坚实牢靠的基础。

第三章　教师专业核心素养

教师职业的特殊性显而易见，它不是一般的生产和服务活动，它是目的性很强的人与人相互影响、共同发展的复杂活动。教师的天职是教书育人，要不断促进学生全面发展，教师又从教育教学过程中受益匪浅，自身素养不断得到提高。在这种教学相长的过程中，教师起着主导作用，他以自己的实践活动引导和调控学生的认识活动、实践活动及发展过程和方向，不断加快、加深学生的发展。教师这些主导作用的发挥，需要坚实的基础和良好的条件，这要求教师必须具备高尚的道德，坚定的政治、思想信念，广博的文化基础知识，精深的学科专业知识、极强的教育教学能力和良好的心理品质等全面的素养。

第一节　教师应首先在道德上成为教师

崇高的道德品质是教师教育教学能力的重要基础和保障。换言之，道德水平，尤其职业道德水平的高低，是决定和反映教师教育能力的重要方面；提高教师的教育教学能力，则首先要提高教师的道德修养。我国古语云，“桃李不言，下自成蹊”“见贤思齐”等，这都说明美好品德的无穷魅力。师德就是教师的魅力所在，它对学生潜移默化的、耳濡目染的教育影响力显而易见。为此，下面重点探讨如何认识教师职业对教师道德的要求和教师应该具备哪些基本职业道德等问题。

一、教师应首先在道德上成为教师：师德的重要性

在我国的师范院校，有一个公认的校训和理念，即“学为人师，行为世范（或学高为师，身正为范）”，这是教师风范的典型写照。从中可见，教师的为人处事之道、学识修养及道德品质不仅是学生，也是世人学习的楷模。可以说，师德是教师必备素质、首要素质，师德堪称教师风范的核心，是教师素质的灵魂，是为人师的第一条件。

具体而言，可以从两个方面来进一步理解师德的重要性。

（一）“师德为首”

这是从各方面素养的重要性角度而言的，即教师职业道德素质相对于心理、体质、学识等素质而言是最重要的、最根本的，无论对教师本身，还是对学生而言，它都起着不可替代的重要作用——制约和统帅着教师其他素质的发展，并对学生的身心发展产生着最深刻而广泛的影响。教育是培养人的活动，教师教会学生做人是第一要务，所以，教师不仅应是知识的化身，更是道德的楷模。正如习近平总书记多次强调的：“评价教师队伍素质的第一标准应该是师德师风。”“要加强师德师风建设，坚持教书和育人相统一，坚持言传和身教相统一，坚持潜心问道和关注社会相统一，坚持学术自由和学术规范相统一，引导广大教师以德立身、以德立学、以德施教。”教师的高尚道德素质，是其他职业素质发展的基础，它规定着其他素质的发展方向与发展水平。我们知道，学生，尤其是中小学生，有很强的“向师性”，视教师为楷模，动辄就说“这是老师说的”“老师让我们这么做的”等。我们每一位教师都会体味到这些话的巨大分量，都能理解这些话所蕴含的深刻内涵：学生心目中的老师是无比神圣的，地位是不可动摇的，老师的一言一行都是学生的表率。教师不仅对学生的一段时间负责，也不仅对学生的学校生活、学习负责，还要对学生的整个一生负责，尤其是在思想品德方面，要使其获得良好的训练和培养，使其具备必要的基础素养，使其终身受益。因此，教师应不分时间和空间，在品德上不辜负、担当起“老师”这两个神圣字眼的重任。原北京师范大学党委书记周之良教授说过，教育事业首先是用心灵去耕耘心灵的事业。因此，耕耘、塑造他人灵魂的人，首先自己要有高尚的灵魂、完美的品德。

（二）“师德先行”

如前所述，师德是如此的重要，则在教师培养、选拔及教师自我提高等方面，应坚持首先在师德方面进行考察和提高，师德应首先达到一定的要求和高度，首先成为道德楷模，师德未达标，则实施一票否决制。可以说，也许在一定程度上我们能够原谅教师的知识缺陷甚至在某些方面的知识贫乏或无知，但我们决不能忍受教师在道德修养方面有些许低下或败坏，换言之，教师的道德素质必须要先于其他素质的发展而发展，要高于其他素质的发展而发展，要首先在道德上成为教师。进一步讲，教师要时刻牢记自己首先是“德育”教师，其次才是其他具体科目的教师，必须责无旁贷地承担起育人的首要任务。虽然我们可以设计出心目中的理想的、完美的教师，但实际上，对于每一位教师来说，都不可能成为完人，他们都或多或少地有这样或那样的缺点。因此，我们可以容许他有一个不断完善、提高的过程，而且这也符合终身教育、终身学习的潮流和要求，但这更多的是对于知识或者智力方面而言，而品德方面却必须有一个高的起点，他必须首先在道德方面成为教师。因为，我们绝不能容忍教师在道德品质上出现问题。正如苏联学者杜勃罗留波夫所言，“如果儿童的怀疑涉及教师的道德方面，则教师的地位更为不幸了”。换言之，教师的道德品质受到怀疑，则是莫大的悲哀，教育效果无从谈起。因此，教师只有首先做到成为人师，才能说具备了最起码的资格，这也是教师之所以成为教师的“底线”和“门槛”。当然，德无止境。因此，随着时间的推移和社会的发展，每一位教师也必须不断学习、体验和践行道德，不断提高师德水平和境界，以便提高自身的教育影响力，满足新形势的要求。

二、教师应具备的基本的职业道德修养：师德的构成

既然师德如此重要，教师应该从哪些方面提高自身的道德修养呢？我们认为，教师不仅要提高一般的道德修养，更应该提高基本的职业道德修养。下面仅围绕教师基本的职业道德修养方面展开论述。

“道德”一般是指人们在处理人与人、人与社会及人与自然的关系时，所遵循的社会准则或规范。因此，从“道德”一词的含义出发可以得出，教师的职业道德修养就应该是与教师要处理的其与教育事业、与人［与他人（学生、教师群体和学生家长等），与自身］、与教学内容及教学方法的关系时所必须遵循的社会准则和伦理规范体系密不可分的。具体而言，教师的职业道德素质主要由以下七个方面构成[1]：乐业、爱生、敬群、尊“长”、严己、求真存疑、求美创新等。

（一）对待教育事业——教师要乐业

“乐业”就是指教师要深深地热爱自己所从事的以培养人为崇高目的的教育事业，要始终无私奉献于教育事业，并视终身专心从事教育事业为人生之最大快乐，这是教师一切教育教学活动的前提和基础。孔子曾说过“知之者不如好之者，好之者不如乐之者”（《论语·雍也》）。这意味着，做好一项工作，不仅需要敬之，还要达到乐之的境界。任

［1］南京师范大学《教育学》编写组．教育学［M］．北京：人民教育出版社，1984：108-114.

何一项工作，都需要全身心地投入和无比的热爱才能做好。教育事业更是如此。教师必须要坚定教师职业信念，相信教育的作用，具备高度的责任感和使命感。因为教育事业是心灵与心灵相互碰撞而产生火花的事业，是提升人的精神境界的事业。面对着比其他工作更错综复杂、艰难棘手的情形，它具备更多的不确定性和复杂性，需要教师付出更多的智慧和艰苦劳动。如果不以此为乐，怎么能做好呢？孟子早就有此体会，视“得天下英才而教育之”为人生之三大快乐之一，与享受父母兄弟平安健康的天伦之乐和俯仰天地间而问心无愧的致良知之乐并称。固然，今天的教育对象具有普遍性和不可选择性，不全是传统意义上的“英才”，但教师仍必须有古人之“乐之”的境界。尤其需要指出的是，在我国，教师职业，尤其中小学教师职业，还不是令人十分羡慕和向往的职业，教师的地位和待遇虽有大幅度提高，但这还远远没有达到它应该达到的高度。从待遇方面来看，现在都还未达到所谓的“不低于公务员工资”的法定底线，比起日本等教师地位和待遇较高的国家而言，差距还非常巨大。因此，它的“酸苦辣”还远远多于“甜”，故而更需要教师的“乐业”精神及无私奉献。要想做好这项工作，不“乐业”必然误人子弟，因此而导致学生身心发展方面的损失是不易挽回、不易弥补和无法估量的。况且，教育是不应该也不允许走弯路的。所以，教师首要的是要有崇高的“乐业”的职业道德。

（二）对待学生——教师要爱生

“爱生”，是指教师要做到诲人不倦，毫无选择地去热爱每一个学生，要尊重每一个学生，要平等的、民主的对待每一个学生，要善于发现每一个学生的每一个闪光点，要帮助、促进每一个学生成长、发展。爱是最好、最大的教育力量。教师对学生的爱是具有普遍性的，是普爱、大爱、持久的爱、无选择的爱。这种爱应指向每一位学生，无论学生学习好坏、品质优劣、家庭出身、种族性别等，都是教师的教育对象，这是不可选择的。教师必须尊重、热爱学生，让爱温暖每一个学生，让爱激励每一个学生。正如孔子所倡导的“有教无类”一样，教师要做到“有爱无类”。也正如陶行知先生所倡导的：师爱应是“爱满天下”。我们每个人也许都会有这样一种体会：一个学生，在爱学生的教师的教育下，会成长为好学生；而如果是在不爱学生的教师的教育下，则有可能成为落后的学生。这也必须成为每一位教师的认识，每位教师都要以成为一名“爱生”的老师为教育教学指向。可以说，教师对待学生的态度是检验、衡量教师素养高低的重要标准，尤其体现在教师对待学习、品德后进的学生的态度上，对待后进生态度的好坏更是师爱素养高低的根本体现。我们应把教师是怎么认识后进学生的，如何帮助后进学生发展和提高的，作为一个教师是否热爱、尊重学生，是否称职的重要标准。正如我国台湾省教育家高震东先生所言，“爱自己的孩子是人，爱别人的孩子是神”。这说明教师无条件地爱所有的学生，是一件非常神圣的事情，它正是教师的伟大之处。在我国的教育界，教师由于受“应试教育”影响，教师忽视甚至“遗弃”落后学生的案例俯拾即是，有的甚至导致学生走上自暴自弃、自杀、违法犯罪的道路，这需要进一步引起我们的重视。教师的责任是引导学生走向光明，使他们成为社会有用之人，而不是把学生推向黑暗，送进监狱。如果教师不能做到毫无条件的爱所有学生，而是忽视、讽刺、挖苦和责骂学生，则学生视学校为心灵的恐怖场所或才智的“屠宰场”不足为奇。在一些国家，非常重视一些爱生的具体行为：要求教师坚持公道，保护学生隐私，不把学生作为“获利”的工具等。这也值得我们借鉴，爱生应从点滴做起，从细节做起。进一步讲，“爱生”是教师职业道德的核心和灵魂，也是“乐业”的根本目的和反映，如果教师不能热爱尊重学生，则其他方面的品质及作用则无从谈起，从而就失去了落脚点和找不到最终的归宿。

（三）对待教师集体——教师要敬群

“敬群”是指教师要谦虚、持重、团结、互助，尊重每一位教师，尊重教师集体，正确看待自己在整个教育活动中的作用，避免盲目夸大自己在帮助和促进学生发展方面的贡献，避免居功自傲，这是发挥教育集体的智慧和作用的保证，也是前述的“乐业”“爱生”方面的具体体现。我们知道，教师的工作具有很明显的“个体性”特点，常常是一位教师在特定的时间段内独自承担某门课程和从事某方面的教育教学工作，这样就容易导致教师忽略其他教师的作用和贡献。对班主任而言，他单独面对学生和组织学生活动的时间更多，对学生的影响可能更大，如果不能正确认识教师集体的作用，则更容易犯居功自傲的错误。尤其需要指出的，古人“文人相轻”“业务封锁”等不良传统仍对我国当前教师队伍有很深的消极影响，这更容易使教师缺乏交流，不能相互理解和学习，从而很容易忽视甚至轻视其他教师的劳动和作用。如果一位老师在自己的课堂上指责或贬低其他教师的学识、人品和作用，必然会大大降低学校的整体育人效果。学生是需要协调、全面发展的，而单靠某一位教师来完成人才培养的时代（如孔子时代）已经一去不返。在今天，进入知识信息爆炸时代，学科知识分门别类，教师都学有专长，他对学生的影响限于某些特定的领域，具有一定的局限性，只有通过教师集体齐心合力的劳动，发挥每一位教师的智慧和影响力，才能把学生培养成全面发展的人。所以，注意发挥教师集体力量，形成教育合力，共同促进学生发展，是师德的重要要求和体现。

（四）对待学生家长——教师要尊“长”

“尊‘长’”是指教师要以平等的身份和谦恭的态度对待学生家长，热情帮助学生家长提高家庭教育质量，从而为培养学生营造良好的环境和氛围，这也是“乐业”“爱生”的具体体现。我们知道，教育是一个系统工程，应确保“整体大于局部之和”，即做到“5+2＞7”。学生的成长离不开各类教育的合力，其中家庭教育和学校教育的合力对学生发展的作用是非常巨大的，只有教师和家长心往一处想、劲往一处用，才能收到好的教育效果。不可否认，很多家长没有学过教育学、心理学相关科目，不懂得教育规律和儿童心理，从而不具备教育子女的能力，甚至有一些错误的教育方式。对教师而言，就要发挥专家的作用，发挥学校教育对家庭教育的引导和促进作用，但教师切记不应以优越的姿态，居高临下、颐指气使地对家长的教育行为和方式指三道四、挖苦讽刺，忌说：“你的小孩屡教不改，你把他领回去，我们无法教育！”而应尊重家长，与家长平等、民主的协商教育策略，即使家庭教育出现了失误，也应以家长乐意接受的方式进行沟通和指导，做到循循善诱、和蔼可亲、平易近人。尤其需要指出的是，教师应辩证、合理地看待学生在成长、发展过程中出现的一些差错，也要不断反思自身的教育行为和方式，多从自身的教育活动方面进行归因。进一步讲，在任何情况下，学校教育都必须承担起学生发展的主要责任，因为学校的直接和首要目的是培养学生，它的专门性和专业性是其他部门和个人所无法取得和比拟的。如果教师不能主动承担起责任，而动辄把学生出现过错的责任全部推诿给家长，不但发挥不了二者协调一致的教育力，还往往造成家庭教育与学校教育的矛盾，甚至导致家长对学校教育失去信心和耐心。

（五）对待自己——教师要严己

“严己”是指教师要以身作则，率先垂范，苦练内功，学而不厌，不断上进，成为学生的表率。人往往容易犯的错误就是“要求别人容易，要求自己难”，但对于教师而言，他不应该犯常人容易犯的错误，他必须做到“要求学生做到的，自己先做到”，只有这样，他才能成为一名好教师，这也是“乐业”“爱生”的进一步体现。可以说，严己是衡量师德高低的重要尺度。教师严格要求自己，就要不断提高各方面的修养，不断学习进步，做到德无止境、学无止境。教师应处处、时时、事事都严格要求自己，注意自己的一言一行，并做到“勿以恶小而为之，勿以善小而不为”，真正成为学生的楷模。我们经常说“其身正，不令而行；其身不正，虽令不从”，对老师而言，即是如此。实际上，教师的教育影响不仅存在于学校中，而且对整个社会也有极强的辐射及导向作用。一位好教师，就是一所好学校。当教师有不当行为时，我们能经常听到人们说，“还是老师呢？！”可见人们对教师的期望和要求是非常之高，教师不能有任何的不道德行为。所以，一个教师如果自己不能严格要求自己，即使他知识渊博、教学富有魅力和方法，也会使他的教书效果大打折扣，更无从谈起会有什么育人效果，对整个社会的影响也会很坏。而且，不容忽视的是，在我国教育界，个别教师存在不能严格要求自己的行为，甚至有一些违法犯罪行为，容易导致家长、学生对学校及教师产生严重的不信任感。例如，据《沈阳日报》（2003年12月16日）报道，“在2002年新民市行风评比中，教育部门被排在倒数第二名的位置上”，这主要因为存在“有偿补课、乱收费、滥订复习资料”等违规行为。在今天，虽然教育部门加大了监管和处罚力度，但顶风作案式的有偿补课仍屡禁不止，治理难度仍然很大，仍然任重道远。虽然上述问题的客观根源在于教师待遇不高而补课利益诱惑特别大等，但这并不能降低人们对教育和教师的不信任。因此，教师没有任何理由降低对自己的要求，教育事业是“不应揉进任何沙子的”。这需要时刻引起警惕，需要教育界、教师进一步严格要求自己，不能放松丝毫要求。

（六）对待教学内容——教师要求真、存疑

教学内容是教师影响学生发展的重要载体。教师如何认识和加工教学内容，必然潜移默化地影响学生对科学知识的认知和情感，以及他们的求知欲望。现代社会，变化快是一个不争的事实，“如果学习速度小于变化速度就等于死亡”，这对教育教学提出了新要求。要想使一个人不落后于飞速发展的时代，必须改变教育教学方式，使其具备很强的社会适应能力和创新能力。这要求教师更加关注于学生创新精神和探索能力的培养，以便适应社会的需要。这就意味着单纯的教给学生已有的科学知识是远远不够的，因为知识不是一成不变的，新知识层出不穷，甚至在以几何级数累积，全盘复制和简单模仿都已经远远不能满足社会发展变化的需要。必须由知识教育转变到能力教育，但知识教育作为基础，不能也不应该全盘否定。鉴于此，教师必须在求真中存疑，在存疑中求真。教师一方面要教给学生正确的科学知识，即求真；另一方面，教师必须在求真的过程中，勇于面对挑战，要有存疑的精神，要善于提出问题，不断引导学生探讨科学知识是怎么产生的，有哪些方面可以商榷，有哪些方面需要完善，在哪些方面可以有所突破，通过不断地启发、引导和训练，有效地培养学生的好奇心、创新精神和能力。基于上述分析，可以说，求真存疑的品质是教育能力提高的重要保障。

（七）对待教学方法——教师要求美[1]、创新

我们常说，教学既是科学，又是艺术。无疑，教学不仅要遵循教育教学规律和原则，还应在教学方法方面、教学过程中达到艺术性的境界，即要“求美、创新”，教师和学生都能得到精神愉悦和美的享受。当我们回忆起某位优秀教师的教育教学情景时，也许会说“他的教学简直是‘润物细无声’”，或者说“他太有创意了，太有办法了”，或者说“他的教学出神入化，纵横捭阖，引人入胜，给人启迪”等。这应该就是“求美、创新”的结果，是艺术性和创造性的体现。这种教学无疑会给学生以深刻的影响。相反，我们可能也能经常回忆起那些“令人窒息的课堂教学、机械的讲解、强硬的灌输和腻味的反复训练的场景”等。这里没有一点美感，只能令人烦躁、恐惧和逃避，教学效果很差。因此，必须要提倡美的教育教学。教师必须充分运用自己的智慧，开展有创造性的教育教学，创造出师生都完全沉浸其中、物我两忘、氛围融洽和谐的教育活动美。尤其是在处理突发事件时，教师更要充分表现出教育机智，处理得得法、得当、出人意料，以收到事半功倍的教育奇效。这就要求教师要不断地研究教育教学，广泛地学习先进的经验，努力增强自己的智慧和才干。可以说，求美创新与求真存疑一样，是教育能力提高的重要保障。

可以说，以上七个方面是教师职业道德素质的核心组成部分，它们涵括了教师与事业、与人和与教育内容及方法三大方面的关系，是教师不可或缺的职业道德品质，是顺利完成促进学生良好发展教育目标、提升教育教学能力的基础、关键和保障，它们互相支撑，融为一体，共同铸起了教师的职业道德大厦（图3-1）。其中，“乐业”和“爱生”是

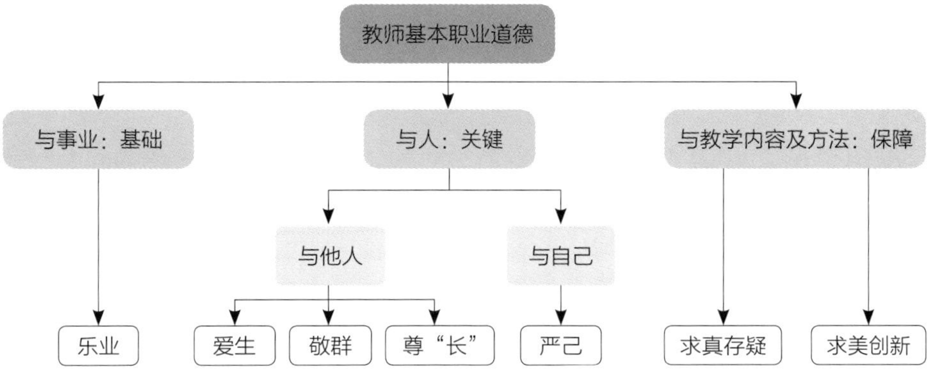

图3-1　教师基本职业道德构成关系示意图

[1] 李家成. 论教育质量：一个本体论的视角［D］. 东北师范大学，1999.

最根本、最核心的职业道德品质，其他几个方面的道德要求都是“乐业”和“爱生”的具体体现，反映了“乐业”和“爱生”的要求。教师只有具备这些基本的职业道德素质，才能够更好地培养优秀的人才，才能真正承担起不断影响和开创新时代美好的社会风气的重任。

第二节　教师的知识结构

概括而言，现代教师的知识结构是由广博的文化科学知识，精深的学科专业知识和娴熟的教育科学知识等有机构成的统一体[1]。

一、比较广博的文化科学知识

广博的文化科学知识是教师从事教育教学工作的重要基础和保障，是激发学生的兴趣，开阔学生的视野，培养学生各方面的情趣和满足他们追求多方面知识的要求，引导他们德、智、体、美、劳等方面和谐发展的前提。

1. 知识具有关联性

各门学科的知识都不是孤立的，他们之间有着各种联系，知识的整体化或综合化是其发展的一大趋势。数、理、化之间，文、史、哲之间，自然科学和社会科学之间，联系日益密切，许多新兴学科、边缘学科层出不穷，教师要适应这一趋势，就必须扩充自己的知识面，必须通观全局，博采众长，多方面吸取新知识。

2. 学生需求具有综合性

正在成长中的年轻一代，兴趣广泛，思维活跃，求知欲强，上至天文，下至地理，从远古到未来，从宏观到微观，他们都想知道。而且，由于大众传媒的发展，现在的学生获得信息的渠道也不断增多，他们经常会就教师所讲授内容提出各种问题，甚至可能提出一些无关课堂教学，但又是教师不易回答的各种各样的问题。对此，教师虽不能做到什么都

[1] 南京师范大学《教育学》编写组. 教育学［M］. 北京：人民教育出版社，1984：115-120.

懂，什么都会，但是广泛地涉猎各种知识，就可以使教师防止教学中可能出现的“冷门”现象，可以使教师能够更好地答疑解惑，帮助学生更好地发展。

3. 教师是知识的化身

接受教育，具备良好修养和丰富的知识、技术是现代人的必然要求。对于教师而言，作为知识化身，应代表知识的前沿，没有理由不具备广泛的知识。

二、精深的专业知识

知识是教师影响学生的主要工具，通过知识的传递和传播而影响学生，专业知识是解决教师要解决“教什么”的问题。正如韩愈所言，教师是“术业有专攻”之人，他必须依赖自己所具备的专业知识影响学生。掌握某一方面的知识，这是教师与其他脑力劳动者在知识结构上所具有的共性。但教师的专业知识结构又有自己的特点。概括而言，教师专业知识具有理论性、系统性和基础性的特点。

1. 理论性

教师的专业知识其主要功能表现在它对教育对象的作用上，而不是直接用于改造自然和社会。因此，一般说来，这种知识结构的理论性要大于实践性（操作技能型教师以实践知识为主）。

2. 系统性

教育要求学生系统掌握某一科学领域人类积累的遗产和成就。因此教师的知识又偏重于系统性、全面性，教师应力求精通所教学科的专业知识，深入钻研与本学科有关的知识，而不能是专及一点，囿于局部。

3. 基础性

教师的专业知识还应具有较强的基础性。教育要求将人类历史上积累起来的丰富知识的基本部分教给学生。在科学迅速发展的当代，在学校教育中，基础知识愈加受到重视。人们普遍认为，掌握各门学科知识的基本结构，它的基本原理、基本概念，是知识转化为能力的最中心环节。为此也要求教师具有基础性较强的知识结构。对中小学教师来说，基础知识在其知识结构中占有更大的比例。

总的来说，教师的专业知识就其结构来说，在分布上，理论的、基础的部分密集度更大些；在排列上，系统性更强一些；在数量上，决不能限于向学生传授的教科书、教材所包含的那一点量，有人提出，一杯水和一桶水的比例，这种对教师知识所做的量的规定，并不是十分过分的。

三、娴熟的教育科学知识

教育科学是各门教育学科的总称。由于时空的限制，教师不可能掌握所有的教育科学知识，但最基本的，应该掌握教育学、心理学和学科教学论有关的知识和理论。

1. 教育学知识

教师要学习教育学方面的知识。作为教师不仅要知道向学生“教什么”，而且还必须知道“如何教”的问题。只有通过对教育学的系统学习，教师才能详细了解教育目的、教学原则和方法等一系列重要的教育理论和实践问题，才能自觉地运用教育规律，根据教学内容、学生实际，选择有效的教学手段，提高教学质量。

2. 心理学知识

要掌握心理学方面的知识。作为教师，要想有效的从事“教书育人”的工作，就必须掌握心理学的知识，懂得青少年学生身心发展的规律和特点，这样才能使教育教学工作有的放矢，才能真正提高教育质量和教学效果；另外，学习一定的心理学知识，对于教师维护自己的心理健康，养成良好的心理素质也是十分必要的。

3. 学科教学知识

还要掌握学科教学论的有关知识。要搞好教育教学工作，除了要求教师具备广博的文化知识、扎实的专业知识及教育学、心理学的有关知识外，还要求教师学习和研究与本专业教学关系更密切、更直接的学科教学论，这是教师把专业知识有效地传授给学生的保证。

第三节　教师的基本能力结构

教师的教育教学能力是多方面的，一般而言，至少应具备备课、上课、课后辅导答疑、作业布置与批改、学业成绩考核与评定等主要的基本能力。其中，下面一些能力是基本能力[1, 2]。

一、备课能力

备课涉及多方面的准备，诸如研究教材、设计教法、了解学生、撰写计划，其核心工作是对教材的组织加工。因此，处理教材和组织教学内容的能力是备课的核心能力。教师要善于根据教学目的、教材内容和学生的认知水平，来加工处理教材内容，这样就可在新知识与学生原有心理水平之间建立联系，使新知识在学生原有认知结构中找到联结点，从而内化为一种新的认知结构。

二、传授能力

备课后，随之而来的重要工作就是上课。上课是复杂的环节，也需要多方面的能力，传授能力是其基本能力（包括诸如讲解能力、提问能力、板书能力、整体驾驭能力、多媒体操作能力等，其中以语言表达能力为核心）。

语言表达能力是教师教育才能的重要组成部分，正如苏联著名教育家马卡连柯所言：当他还不能运用20种以上的不同语调说出“到这边来”以前，他还不能认为自己是一名教育行家。可见语言表达能力的重要性。每个教师都应该自觉地注重自己言语能力的训练。一般来说，教师的语言表达应符合以下要求。

第一，语言表达要准确通俗。这就要求教师在教育教学工作中所选用的词语必须能够准确地表达自己的思想情感，同时还要合乎语言规范、通俗易懂。

第二，语言表达要有较强的逻辑性。这就要求教师的语言要前后连贯，做到概念明确、判断准确，推理和论证都有严密的逻辑性，这样才能使学生深信不疑。

[1] 南京师范大学《教育学》编写组. 教育学［M］. 北京：人民教育出版社，1984：120-126.
[2] 杨乃虹. 教育学教程［M］. 北京：高等教育出版社，2000：62-63.

第三，教师的语言应以口头语言为主。在课堂教学中，教师要做到口头语言、书面语言和书面语言“口头化”交替使用，这样就会收到良好的教学效果。

第四，教师的口头语言应与体态语言配合使用，这样就能加强语言的表现力，但体态语言必须自然、逼真、恰到好处。

第五，教师还应具有监听自己语言的能力，这样就能使教师根据自我监听和学生的反应，随时对自己的语言进行必要的调节。

由于语言表达风格不同，而可形成不同的教学语言风格，基本可以分为四类：有语言缜密、丝丝入扣，逻辑性见长的；有抑扬顿挫、慷慨激昂、情绪饱满，擅长情感性的；有诙谐幽默风趣型的；有长于形象思维，直观生动，以感性带动理性的。各种语言风格往往与教师的个性及所授学科知识有密切联系。

三、课堂教学组织管理能力

较高的组织才能，是现代教师所应具备的素质之一。一名合格教师要具备多方面的组织能力，具备对学生的组织、领导、监督和调节能力。

在今天，教师的课堂组织管理能力可以成为影响教育教学成败的一个关键因素，这也成为学校招聘教师时非常看重的一项基本能力。通过组织管理，要形成良好的课堂纪律、和谐的师生关系及积极向上的学习氛围，从而有利于教学效果的提高。

四、自我控制能力

教师应具备自我提高、自我控制情绪、有意识地不断调节工作目标及自身发展目标的能力。

自制能力是任何工作都需要的。但对于教师而言，这更为重要。

教育工作是传递、传播工作，需要教师不断跟上时代及科技发展的步伐，不断进取，不断获得新的知识，不断赋予教育以新的力量。同时，教师要处处时时为人师表，严格要求自己。

尤其要注意自己的情绪、情感及教态。如果教师情绪捉摸不定，怒则大声呵斥，喜则轻狂忘形，学生就可能时而恐惧，时而浮躁。正如苏联著名教育家赞可夫所言：整个人属于学生，属于教育事业。教师不应将自己的不良情绪带到课堂上来，而应以饱满的精神，满腔的热情投入到工作中。

同时，教师还应具备对教学工作进程及节奏、目标等的全面把握，并适时地调整、改进教学工作。

五、教育机智

教育机智是教师综合运用自己的才识，以恰当的教育方法来处理教育教学中的偶发事件的能力。它是教师创造性教育才能的最高表现，是教师的高度责任感、良好的道德修养和智慧水平的综合体现。这就要求教师必须做到以下几个方面。

首先，要求教师能在瞬息之间正确地估计情势、掌握大量的“情报”，并估计自己行动的环境，抓住最佳教育时机。

其次，要求教师重视自己的行为后果，以最小的代价取得最佳的教育效果。

再次，要求教师要“适可而止”，恰到好处，讲究教育的分寸等。

最后，由于教育机智与教师的性格特点有密切关系，因此要求教师要重视自己性情的陶冶，遇事时能镇静、安详并善于控制自己的感情。

第四节 教师的心理素质

教师工作的最大特点在于是灵魂对灵魂的塑造，因此，教师的心理素质对学生的心理发展非常重要。如果教师自身的心理不健康，人格有障碍，将会给学生的身心发展造成极为不利的影响。所以良好的心理素质也应是教师职业素养的一个重要的组成部分。教师良好的心理素质至少应包括以下几个方面[1]。

一、良好的意志品质

良好的意志品质是教师取得工作成效的主观因素之一。教师的劳动具有周期长、见效慢、艰巨复杂等特点，这就决定了教师必须具有良好的意志品质。教师的意志品质包

[1] 杨乃虹. 教育学教程［M］. 北京：高等教育出版社，2000：63-64.

括自觉性、坚韧性与自制力。其中自制力是教师意志品质的一个重要方面。马卡连柯说过："坚强的意志——这不但是想什么就获得什么的那种本事，也是迫使自己在必要时，抛弃什么的那种本事。"较强的自制力能使教师自觉地调节自己的心态，使其活动符合教育规律并给学生以良好的心理影响。这就要求教师在日常工作和生活中有意识地进行自我磨炼。

二、稳定的情绪

教师特定的职业活动决定了教师必须具有稳定的情绪和情绪的自我控制能力。英国学者戴维方塔纳认为，成功的教师的重要品质之一就是他情感上是成熟的，即其情感是比较稳定的。如果教师的情绪不稳定，不仅容易加剧师生关系的紧张和对立，导致教育、教学工作的失败，而且也影响教师自身的心理健康和对教育事业的热情和信心。正如苏霍姆林斯基所说的那样："凡是出现大声斥责的地方，就有粗鲁行为和情感冷漠的现象。大声斥责是最原始的本能的反应，每个教师心灵中所具有的情感素养的种子都会在这种反应中丧失殆尽。"因此，教师必须善于控制自己的情绪。

三、良好的性格特征

教师的性格特征对教学效果具有重要影响。热情和富有同情心是教师个性特征中对教学具有重要影响的特征。具有这种性格特征的教师，更容易与学生打成一片，形成良好的师生关系，这是教学取得成功的重要因素；而且教师的性格对处在性格形成阶段的学生来说影响极大，这是影响学生性格形成的无法取代的教育因素。同时，教师优良的性格品质也能促使优秀教师所需要的能力的形成和发展，对增进教师的心理健康也大有裨益。因此，教师应克服各种不利因素的影响，自觉地进行自我修养，塑造自己的性格。

四、清晰的自我意识

作为一名教师，首先应有清晰的角色意识，经常意识到自己是个教师，并经常用优秀教师的标准衡量自己，自觉地评价与调节自己的行为，自尊、自重、自爱、自强，并且意识到自己所充当的角色会遇到的冲突，及时进行调整和克服。这样就能缓解教师的心理失衡和失落感、相对剥夺感，使其以一种健康的心理状态、饱满的工作热情投入工作之中。

第五节　教师素养新要求

进入21世纪以来，社会变化越来越快，出现了一些新的发展迹象和特点，这对教师的素养也相应地提出了新要求，甚至可以说这给教师带来了越来越大的压力，教师的生存与发展问题越来越严峻。也可以说，面对新时代新要求，教师必须不断提高自身素质。下面结合社会新变化新发展阐述教师素养新要求。

一、社会新变化、新发展情况

1. 知识来源的多元化

我们处在一个知识爆炸时代，网络使丰富的知识的传播速度和广度难以估量，其他信息媒体也是丰富多彩，从而使学生获取知识的渠道不再局限于教育和教师，学生的知识来源越来越多元化。教师在学生发展中的作用似有降低之虞。教师的权威受到挑战，教师的工作压力在增大，需要教师储备更丰富、更有用的知识，增强与学生的对话、交流能力及指导学生的发展能力。

2. 价值观念多元化

随着改革开放的不断深入，人们的价值观念也在转变，原先那种一元价值观时代一去不复返。多元的价值观念在激烈碰撞，给学生的冲击非常大，每个学生受到的影响也不完全一致，导致学生对事物的认识、感受和反映都是各有不同。如何宣扬社会主流价值，合理融合多元价值，都是教育和教师必须面对的。

3. 科技更新速度加快

科技日新月异，随时出现的新发现、新发明都能迅速传遍世界。教师要走在时代和学生发展的前面，必须提高自己。

4. 社会分工越来越专业化

教师职业越来越成为一个专业，一个教师如果没有一些教师必备的特殊素养，没有自己的“金箍棒”，很难称之为一个专业人士，不能获得社会的认可，也就很难立足教育界。

5. 儿童发展复杂化

儿童发展不再是千人一面，而是越来越个性化，每个儿童都是一个复杂体。每个儿童的主体意识都在增强，但自私性也不容忽视。尤其是现代人的心理越来越脆弱，容易有一些矛盾激化。这要求教师处理问题的手段和方法需要有新的改变，不能仅用一个模子来教育学生，也不能动辄呵斥学生，必须不断研究学生，不断提高教育教学水平。

6. 社会对教师期望越来越高

社会竞争力也从来没有像今天这么激烈，导致教育对人的发展作用从来没有像今天这么重要，从而社会对教师的要求也从来没有像今天有这么高的期望。高的期望，必然有高的要求，也必然使教师有更大的责任和压力。这需要教师有信心、有智慧迎接挑战，承担重任。

二、教师必须不断提升自身素质

面对挑战，教师必须通过不断的学习、思考和实践等途径，大力提升自身素质，不断满足和适应新的形势新的要求。

1. 良好的道德素质

教师要首先在道德上成为老师，成为学生学习的榜样。核心是需要教师要有爱，要以爱学生为出发点，关心、尊重、公平公正地对待每一个学生。不管学生有什么样的个性，不管学生有什么样的问题，都是教师的教育对象，都是教师爱的对象。现代人是脆弱而复杂的，教师如果偏心、自私甚至腐败，学生受到的冲击、打击可能是不可估量的，损失可能是难以挽回的。

2. 坚定的思想政治素质

对于教育而言，思想政治要求是方向、是旗帜，必须鲜明和坚决。价值观念多元化的时代，需要教师具有更加过硬的社会主义的思想政治素质，用坚定的信念和行动引导学生的信念和行动，让学生热爱社会主义、热爱中国共产党、热爱人民，让学生具备正确的世界观、人生观和价值观，以便更好地完成培养社会主义的建设者和接班人的重任。

3. 教育家的意识

不想当“教育家”的教师不是好教师。客观地说，可能多数教师最终由于种种原因而不能成为真正的“教育家”，但“虽不能至，心向往之”的境界应是教师所具有的。教师时时刻刻会面临着复杂的教育难题的挑战，一味地“混”教是不可能完成好任务的，而是需要有教育家的气魄和水平，即需要具备坚实的教育理论、先进的教育理念、坚定的信念、敏锐的头脑、丰富的教学经验和超强的教育教学能力。这也是教师专业化发展的根本要求。

4. 改革意识和创新精神

教师应走在时代的前列。时代需要学校培养有创新精神和能力的人才，创新人才的培养离不开具有创造性的教师的引领，教师只有首先走在创新时代的前列，敢为天下先，勇做第一个“吃螃蟹”的人，才能给学生成长创造宽松环境，才能更好地激发学生的创造精神，才可能更好地培养出社会急需的创新人才。

5. 教师应成为教育研究者

教师应成为教育研究者，具有教育科学研究的意识和能力。这既是教育教学的需要，也是教师成长的需要。一个教师的成长，需要多种途径。教育研究就是教师成长的重要途径。教师都是术业有专攻，可以研究自己的专业，但更主要的应是研究教育教学中的问题，尤其是课堂教学问题和道德教育问题，这既是一个亟待深化研究的领域，也是一个教师最熟悉、最有发言权的领域。教师只有不断地发现问题、思考问题、解决问题，其教育教学质量才会随之提高，自身专业素质也才能得到提升，也才能不辜负社会对其越来越高的期望，承担起育人的重任。

6. 终身学习能力

育人者先育己。我们正处于一个知识及技术更新速度越来越快，人的能力和素养要求越来越高的时期。教师面临的教育教学问题也越来越复杂多样，教师如果缺乏对新知识技术的了解，能力和素养的提高跟不上时代前进的步伐，将难以发挥重要的主导作用，难以满足经济社会及受教育者发展的需要。教师必须先不断接受终身教育，不断提高学习能力、自身的素养，才能负得起育人的重担。教师的终身学习应该分为两个方面，一是不断主动地接受外部教育，即主要是一些由国家相关部门及组织所设立的各类正规教育机构开展的教师进修、提高教育，有计划地提高职业素养和专业水平；另一方面是要坚持不懈地开展自我教育，注意反省、反思、提高修养，增强各类能力、素质。

7. 获取和处理信息的能力

要先有“一桶水”，必须有蓄水的工具。教师影响学生依赖于知识和修养，这都需要不断补充和提高。现代社会，各类知识信息五花八门、应有尽有、扑面而来。导致学生的知识储备是丰富的，但同时也可能是良莠不齐的。这需要教师有鉴别、遴选、整理和消化吸收知识信息的能力，以便能将最有价值的知识传递给学生，帮助学生提高发展。

8. 运用现代教育技术的能力

善假于物。现代教学进入了多媒体时代，虽然说多媒体教学的弊端经常成为人们谈论教学的诟病，但它所带来的好处和冲击力也不言而喻。一些教学借助于多媒体后，可以事半功倍，会使教学更生动、形象和丰富。教师必须学会发挥多媒体的字、声、像等的全面功能，为教学效果的提高打好基础。而且，人类活动的复杂性和不确定性给教学带来一些挑战，包括现在疫情防控需要开展线上教育等，这对教师的现代教育技术水平有了更高的要求。提高现代教育技术水平也是体现教师专业化水平的一个重要方面。

9. 较高的法律意识

依法治教。随着时代发展，人们的法律意识越来越明晰和强烈，学生保护自身权利的主体意识增强。学校作为人才培养单位，是落实学生受教育权的主体。但并不代表好心就能办好事。侵权行为也时有发生。这很大程度上是因为学校或教师研究法律不够，法律意识不足等原因所导致。对教师而言，重要的要学会如何用自己合法的言传身教影响学生，而不是侵犯学生各项权利，给学生的成长留下阴影。

10. 健康的心理素质

以己昭昭，使人昭昭。健康的心理素质是现代人必备素质，对教师而言尤其重要。教师不仅教书，更要育人。在我国，育人的重要方面就包括心理教育。面对学生心理问题越来越多的情况，教师的健康心理素质更加重要。教师只有拥有健康的心理素质，才能正确影响学生、训练学生，也才能使学生具备良好心理素质。据一些调研反映，教师的心理压力非常大，急需提高心理调适能力。

11. 良好的身体素质

教师劳动也是个“体力活”。教师职业虽然首先是一项复杂的脑力劳动，时刻离不开智慧和创造。但这种脑力劳动也离不开良好的身体素质作为支撑。很多教师每天可能需要站姿授课4小时以上，或伏案工作数小时，或经常需要与学生打成一片，深入交流，没有超强的身体素质，是难于顺利完成任务的。所以，教师必须要自觉地投入到科学锻炼中，不断提高身体素质。

第四章 教师因材施教能力

教师的能力是多元的，除了前面一章提到的基本能力（备课、上课等），还需要一些更加具体的特殊能力，大家熟悉的因材施教能力便是其中之一。教师不仅应具备一般的因材施教能力，还应具备针对各类特殊儿童群体及儿童的各类差异开展针对性地教育的能力。本章在研究了教师的一般因材施教问题基础上，进一步探讨了一些需要关注的特殊的因材施教问题。

第一节 因材施教思想及要求

“因材施教”的教学思想是我国优秀教育传统流传下来的极其珍贵的财富，其思想宝藏继承千古而不朽。因材施教无论作为教学方法，还是教学原则，它在教育的历史上，为人才的培养起到了非常重要的作用，尤其在个别教学盛行时代，非常充分而“肥沃”的实践条件使其不断发扬光大。但随着时间的推移，人的发展和社会发展越来越高移化，学校教育的规模越来越大，效率要求越来越高，班级授课制逐渐代替个别教学而成为主导教学组织形式，同时，人的复杂性不断彰显，人的差异性日益突出，人的发展背景日益多元，“几乎已经没有所谓‘一般的学生’”[1]，在这种情况下，如何更好地把统一要求与区别对待，把计划性与变化性（可等待、可加速）等要求和特点有机结合起来，是当前的重要任务。总之，我们务必要重新审视“因材施教”的教学思想，明辨古今社会发展变迁及教育的嬗递，进一步提高因材施教能力，以便可以更好地适应当前社会发展，不断促进人才培养工作。

一、因材施教教学思想的源流探析

对因材施教教学思想的源流进行系统而深入探讨，可以使我们更清楚地认识它的产

[1] 李远哲．中国文化与教育［N］．明报（香港），1999-10-2：F4.

生、发展的条件及其价值，有利于深入了解因材施教思想，可以更好地创造其价值实现的条件，进一步发挥它的效用，培养更多更好的人才。

众所周知，与因材施教有关的生动的教育教学案例在我国古代伟大的教育家孔子的从教生涯中屡见不鲜，虽然孔子本人没有明确提出因材施教的思想，但因材施教的教育教学方法和原则一直隐含在孔子的教育实践中，贯穿于其日常教育工作中，并取得了巨大成就。例如，在其众多弟子中，在德行、言语、政事和文学四个方面都有出众之才，“德行：颜渊、闵子骞、冉伯牛、仲弓。言语：宰我、子贡。政事：冉有、季路。文学：子游、子夏[1]”。这是孔子从学生实际出发，重视扬长避短，施之以不同教育的结果。因材施教的实际做法在孔子与子路、冉有、公西华的“闻斯行诸”的对答中体现得淋漓尽致，在孔子针对颜渊等弟子的“问仁”的指教中显而易见。可以说，孔子因材施教的做法俯拾皆是，孔子能时刻注意观察了解弟子，能根据他们的不同个性、禀赋和特点，给以不同的回答和引导，施以合适的教育教学，从而也收到了良好效果。此后，因材施教的思想就一直贯穿于我国教育发展历程中，到今天甚至被认为“具有教育方针性的方法论”[2]，其重要价值不言而喻。但需指出的是，虽然孔子的因材施教实践，以及因材施教思想都有巨大影响，但孔子本人并没有明确提出“因材施教”4个字，而是历经后儒的继承创新，直至程颐、朱熹的归结发展，才明确提出了：“孔子教人，各因其材，有以政事入者，有以言语入者，有以德行入者”[3]；“夫子教人，各因其材”“圣人之道，精粗虽无二致，但其施教，则必因其材而笃焉”“圣人施教，各因其材，小以成小，大以成大，无弃人也”[4]，这便是“因材施教”4字的由来。至此，因材施教的提法及思想被进一步概括出来，并逐渐趋于成熟。

具体而言，孔子的教育教学主要注意从三个角度和通过谈话、观察等方式来了解学生，即分别基于品格性状、智力和年龄特征三个方面的差异，对学生进行不同的教育教学。但需要指出的是，孔子并非对所有学生一视同仁，给予最好的教育，他的三千弟子中，大部分是“以次相传”的弟子，只有部分弟子为其嫡传，具有精英教育的倾向，虽然他倡导“有教无类”，但至多是从可教或入孔门的角度理解，并非指接受孔子教诲的机会方面的平等。这是个别教学的局限性，个别教学很难对每个学生一一教诲，时间上是不允

[1] 论语［M］. 陈晓芬，译注. 北京：中华书局，2016：137.

[2] 毛礼锐，沈灌群. 中国教育通史［M］. 济南：山东教育出版社，1985：244.

[3] 程颢，程颐. 二程集（上）［M］. 北京：中华书局，1981：252.

[4] 朱熹. 四书章句集注［M］. 北京：中华书局，1983：362.

许的，也就很难培养大规模人才，同时，这也反映了孔子的历史局限性，当时历史年代，很难也无多大必要开展大规模的、类似今天的集中教学、班级授课。

进一步分析，孔子的因材施教之所以产生和成功，主要在于具备以下几个重要条件：第一，孔子生活在学术下移、学在四方、礼下庶人的春秋时期。由于种种原因，他选择了新兴的私学作为其为社会贡献力量，彰显智慧的主要依托。因此，他承担着学校存在与发展的莫大压力，如果不采取有效的教育教学方法，将不会培养良好的人才，则不会获得社会承认，也不会获得达官贵族的慷慨资助，学校则无从存在和发展。所以，从这个意义上讲，孔子必须变革教学方法，以便把新兴的私学办好。这是其提出因材施教私学的重要前提。第二，孔子所办的学校属于私学性质，政府并不介入或干涉，具有很强的独立性，在招收学生及教学方面有绝对的自由，从而，孔子有条件坚持“有教无类”的教育方针，这具有划时代的意义，扩大了人才的来源。他招收了大量不分华夷、无别贵贱的弟子，但由于每个人在于品格性状、智力和年龄特征等方面都有很大差异，不适合用同一种方法和同一种内容教学，必须突出针对性和差异性。否则，难于收到好的教育效果。这是其进行因材施教的重要基础。第三，孔子时代流行个别教学组织形式，教与学的活动多是一对一的，这是与当时的生产力发展水平及教育管理水平等有密切关联，教育教学的计划性、组织性、系统性等都无从谈起，教学可做到“举一隅不以三隅反，则不复也”[1]。这包含着教学需要等待最佳时机、学习需要巩固的朴素思想。因此，孔子并没有赶超教学进度的压力，可以有比较充裕的时间去观察学生、与学生谈话，全面而深入的了解学生，等待学生最佳发展时机。这是因材施教思想存在的根本条件。第四，孔子为了“推销”自己的仁政主张，经常带着自己的得意弟子周游列国。当然，这也正符合了孔子所提倡的多见多闻的主张，可谓一举两得。那些侍侧的弟子，经常在一问一答中深受其教诲。因此，周游列国的活动为其实施因材施教创造了空间条件。第五，孔子虽自称“述而不作”，但其创造性是有目共睹的。他具有创新的精神和能力，他所整理的六书，是其重大历史贡献，他的勤奋与天才，成就了令人难望其项背的历史辉煌。这为其因材施教思想奠定了重要的品格基础。第六，孔子毕生贡献给教育事业，他热爱教育，热爱学生，是为人师表、诲人不倦的典范，这促使他主动了解学生，对学生有全面和深入的认识，从而使因材施教做到有的放矢。这是孔子的远大理想使然。

伴随着儒学逐渐成为显学，孔子所取得的巨大历史成就，逐渐被后人所认同，人们对

[1] 论语［M］. 陈晓芬，译注. 北京：中华书局，2016：80.

孔子思想的价值有了充分认识。历经漫长的封建社会，孔子的思想被不断发扬光大，因材施教思想成其为教学思想的主要精华部分被继承与发展，对人才培养起了非常重要的作用。但由于人们对“人”本身认识上的局限性，并未认识到人的发展潜力及空间，以及经济发展程度低和阶级局限性等社会因素又限制了人的发展潜力的实现，致使教育不能真正做到因材施教。

至此，我们可以认为，人类发展史上的全部因材施教教育的行为和现象，是历史的、具体的，是一定程度上的因材施教。所以，历史的经验只能借鉴，但不能照搬。必须根据时代发展、人的发展的要求，深入探讨新的历史条件下，如何更好地融时代特色于因材施教，从而更好地促进人的充分发展。

二、当代因材施教的策略

纵观人类教育发展历史，班级授课制是几百年来学校教育的主要教学组织形式（在我国仅有百年历史），班级授课制适应了社会发展对人才培养的需求，为提高教育效率起了非常重要的作用。但“因为它是一定历史时代的产物”“时代前进了，许多条件变化了，它也不能固定不变”[1]。它已经不能完全适应时代发展的要求。比如不能很好地针对个人进行因材施教，也正因为如此，人们并未停止探索旨在实施个性化教育的新的个别教学组织形式，产生过诸如设计教学、分组教学、特朗普制等注意到发展学生个性、使学习更加具备个人特点的教学组织形式，但这都未能从根本上动摇班级授课制作为主要教学组织形式的地位和作用。

时至今日，人的发展问题越来越复杂，人的个性越来越突出，人的一般性和共性等方面容易被个性所湮没，完全通过一般教育，就解决人的发展问题的时代已经离我们越来越远，人的发展及教育问题越来越复杂，解决起来越来越困难。这导致班级授课制的弊端被进一步放大，因材施教的重要性日益突显。人们对因材施教问题进行了不懈的广泛而深入的探索，学校教育采取了很多措施，有了很多变化，比如出现了小班额、选修制、校选制、学分制、分化教学、特科学校、非正规教育、无学年制、生活指导、心理咨询等方法与途径，旨在尽可能尊重每一个人的特点，满足每一个人的发展需要。

我们认为，在当代，可以从两个方面落实因材施教的思想。一是因一般之材而进行教

[1] 王策三. 教育论集[M]. 北京：人民教育出版社，2002：174.

育，即进行统一教育，保证效率和质量。二是因特殊、个别之材进行教育，即针对每个学生的实际情况进行个性化的教育教学，旨在提供适合个人特点的教育教学，促进每一个学生的发展。下面分别论述。

（一）因一般之材而进行统一教育

从时间投入和教育教学效率等方面分析，此类因材施教活动占有绝对地位和优势。教师要通过谈话、观察、调查等途径，深入了解学生，对他们开展统一教育，虽然“统一”和“一般”等情形已经很难描述和把握，但现代学校教育的特色之一就是效率，如果不考虑“统一”和“一般”，则不能发挥学校教育的优势，也难于满足社会及人的发展需要。因此，我们在提倡以人为本，尊重学生身心发展规律与特点的同时，必须兼顾社会发展需要，为培养现代国家的合格公民而进行统一教育。在这种因一般之材而进行的统一的班级教育中，可以发挥教师在教育中的主导作用，启发引导学生学习，调动其积极性及主动性。

（二）因个别之材而进行个性化教育

为了更好地促进学生的发展，教师应在班级授课制基础上，注意个别教学，针对每个学生的实际和特点进行教育。同时，也可以通过个别来教育一般。即以个别为契机，把其所包含的一般性、普遍性问题推广到全班同学，做到以点带面，共同提高。这需要在教师主导下，充分发挥学生学习的主体性。

具体而言，这要充分发挥两个主体的积极性和能动性。

1. 发挥教师主导性作用，教师主动教学生

教师要深入观察了解学生，与学生建立良好关系，并进行广泛交流，主动去教育学生。在这方面，现实中有一定难度，因为教师面对的往往是30多人，甚至有多达七八十人规模的班级，对学生有一个不熟悉到逐渐熟悉的过程，再到深入了解，谈何容易。况且，教师还面临着经常调换等情况，往往对学生的了解是浮光掠影的。而在农业社会时期，个别化教学形式下，教师了解学生相对容易。在当前工业化、规模化的社会时期，教育的“规模经济”状态往往不允许教师花太多时间或精力于个别教学中，教师往往只是在突发事件的处理中能体现因材施教。这就要求教师要有意识地千方百计地为因材施教创造

条件。日常教学中，教师除了注意进行“一般”的教育教学，还要注意对优秀生和待达标生单独开“小灶”。例如，要充分利用作业批改机会，发现优秀生和待达标生。同时，教师要善于提问，主动发现学生的学习程度和存在的问题。对于发现的问题要开展针对性地辅导。对那些落后生，多了解他们的真实想法和学习困难所在，帮助他们正确认识自己，学会正确归因，找到差距，然后“对症下药”，使他们尽快地赶上来；而对于那些学习基础扎实、能力较强、素质较高的学生，则鼓励他们向新的高度发出挑战，单独给他们留一些难度较大的题目或者布置更多的阅读任务，注意发挥他们的积极性和主体性，进一步引导他们深入思考新的问题，拓展他们的视野和思维，从而也收到因材施教之效。但需要指出的是，注意教师集体的沟通和交流，也非常有利于从整体上更全面地了解学生的基本情况，对做好有针对性的教育教学工作也有很大帮助。

2. 发挥学生主体性作用，学生主动请教老师

要发挥学生的主体作用，提倡学生主动请教教师，这是当前因材施教落实的关键措施。这需要做几件事情：第一，在日常课堂教学中，要给学生留出提问的时间和空间，营造融洽的课堂文化氛围，例如，每个知识点讲解结束后，教师要积极鼓励学生请教和发表见解；在日常活动和生活中，营造融洽的班级及学校文化氛围，做到解放学生，启迪学生智慧，发挥学生特长。第二，教师善于启发诱导，不断鼓励。教师的主导作用应体现在不断设疑、引导和鼓励中，每节课的教学，教师都应准备一些有启发意义的问题，激发学生的思维。第三，培养有浓厚学习兴趣，具有强烈的求知欲，能善思存疑，勇于提问、善于提问的学生。学生的提问以及与教师的交流，往往是教师发现课堂教学所存在的问题及进一步巩固和拓展知识的重要途径。教师的辅导也才有针对性，教师的讲解和补充才会对症下药。这也是教师反思教学的主要环节。当学生主动学习、主动思考、主动请教交流成为一种习惯，则因材施教问题就容易体现和落实。

上述两个方面的作用，发挥学生主体性作用更有决定性意义，是当前教育教学活动更应强调的一个关键措施，即在教师主导下，发挥学生的主体作用成为落实因材施教的关键因素。可以说，因材施教的教育能力成为检验教师教育教学水平的重要试金石。一个好教师，必须要采取合适的措施，激发学生的主体性，以便于准确抓住学生的“材”之所在，施以针对性强的教诲。

第二节 “学困生”教育

一、“学困生”现象

在教育教学过程中，教师面对的往往是在德智体美等方面已有初步发展的学生，他们千差万别各具个性。如果用一个绝对的标准作为参照点来评价他们，则可以把学生分为“学优生”“中等生”“学困生”3类。

“学困生”作为一个客观存在的群体，是一个不争的事实。他们无论在心理方面，还是行为方面，都存在诸多问题，不能不引起每一位教师的关注。“学困生”在心理方面的误区主要有3点。第一，自尊与自卑心理并存。我们认为，“学困生”心里蕴藏着要求进步的火种，希望得到别人的尊重和赞扬，但在实际中却得不到尊重，满足不了自尊的需要，致使他们对自己的处境和地位表示强烈的不满，从而容易自暴自弃。虽然他们常常表现得粗野、蛮横、散漫、无礼，对于所犯错误常常表现出满不在乎的样子，但心理上却是自卑的，心里经常对所犯错误忐忑不安。第二，逆反心理。“学困生”听到的批评多，表扬少，又经常受到讽刺、打击、孤立，致使他们产生怨恨和愤怒，久而久之，便会产生一种很强的对抗情绪，经常反其道而行，要他向东他偏向西，容易形成恶性循环。第三，意志薄弱，自控力差。当“学困生”稍有进步而受到表扬时，兴奋不已，得意扬扬。而当他们每犯一次错误时，心里都会出现不同程度的懊悔，涌起一定要痛改前非的想法。但由于他们自我约束的能力差，意志比较薄弱，常常会重犯错误，因而容易丧失前进的信心。他们心理上的问题经常显现在他们的行为上，致使行为方面也存在许多问题。比如，他们经常犯一些诸如打架斗殴、厌学、逃学等违反校规校纪的错误。可见，无论从心理上，抑或从行为上来讲，“学困生”的问题非常严重，这不能不引起我们的忧思。我们不能漠视，不能习以为常，应正确看待，以便做好对他们的教育工作，切切实实承担起一位教师、一位班主任的责任。能否做好“学困生”的教育工作，已成为素质教育能否真正落实的一个重要标志，因为素质教育强调面向全体，强调让所有学生全面发展等。显然，“学困生”是属于没有面向全体学生、没有做到全面发展的教育的产物。

那么，“学困生”能否转变呢？显然，回答是肯定的。虽然，教育不是万能的，但我们仍相信人基本上是教育的产物，教育担负着人类的自身再生产的重任。对此，我们也可以从已有研究、实践中得到确证。比如，美国心理学家布卢姆提出的掌握学习理论指出，只要给予足够的学习时间和适当的教学，几乎所有的学生对几乎所有的学习内容都可以达到掌握的程度。学生学习能力上的差异并不能决定他能否学习要学习的内容和学习的好坏，而只能决定他将要花多长时间才能对该项内容的掌握程度。因此，我们只要多花些时间，以及改进教育观念和教育方法，就能使每个个体都得到理想的发展。再比如，美国心理学家罗森塔尔等人做过一个很有影响的实验研究，实验中所体现出的效应被称为罗森塔尔效应。实验概况是这样的：罗森塔尔等人在一所学校的18个班中随机选择了20%的学生（“学优生”“学困生”并存），列出名单，然后，告诉老师说：名单上的这些孩子是经过测试后，特意挑选出来的，是最佳发展前途者。一段时间后再测试，结果表明：名单上的学生的成绩果然好于其他学生。原因何在？据分析，教师受到了罗森塔尔等人的暗示，因而在日常教学过程中，根据那张花名册提出的名单，有意识地给这些学生以更多的鼓励和指导，对他们的期望值很高，从而影响了这些学生的信心和自我效能感，促进了他们的发展。老师的宽容、鼓励与期待，是使每个学生都成为天才的关键。因此，老师对学生的态度，也是影响学困生转变的因素之一。再比如，以苏联著名教育家马卡连柯的教育实践为例。马卡连柯在第一次世界大战后的特殊情境下，接受了创办一所对违法的、无家可归的青少年进行教育的收容教养所，以解决由于战乱而流浪街头的一大批青少年的教养问题的工作。马卡连柯创造了丰富的教育实践与教育实验，先后培养出数千名青少年。其中，许多人成了工程师、医生、教师、记者、科学家和将军，大多数成了各条战线的骨干积极分子，还有个别人成了劳动模范、英雄人物。马卡连柯成功地开创了挽救、改造、教育违法违纪的儿童及流浪街头的青少年的成功范例。虽然这是一种超常规情境下的超常规教育，但它无疑给我们以启迪：既然违法违纪的儿童都能教育好，“学困生”又有什么不能教育好的呢？因此，教师一定要相信教育的力量，坚持发展的观点，坚信“学困生”可以转变，可以成功、成才、成为更好的自己。

二、“学困生”形成原因

“学困生”表现出的不良品德和不良学业，不是天赋的，而是后天逐步形成的。“学困生”的形成原因是多种多样的，而诸多因素又是交织在一起的。因此，如何正确分析“学困生”形成的原因，是关系到能否对症下药，能否行之有效地解决有关“学困生”问题的前提条件，同时，问题的解决也是落实素质教育的基础。那么，“学困生”形成的主要原因有哪些呢？我们认为，概括起来，主要有以下几方面的原因：学校、家庭、社会、个体自身等。

（一）学校教育存在问题的影响

学校虽然不是解决问题的灵丹妙药，但它往往是决定学生发展的关键因素。“应试教育”“英才教育”“智育第一”等教育实践与教育观念先入为主，在学校内实实在在地存在着，“学困生”成为被忽略的群体。同时，许多教育工作者缺乏“人师之道”，对于“学困生”的形成起了推波助澜的作用。因此，不正确的教育观念，简单粗暴的教育方法等，是形成“学困生”的关键因素。

（二）家庭不良因素的影响

家庭是孩子的第一课堂，家庭教育可为其一生的生活、学习和工作奠定重要基础。父母对子女的影响是潜移默化的，孩子的身、心方面总是有父母影响的烙印，父母的言行及教育直接影响着学生思想品德及世界观的形成。同时也影响着学生的学业成绩。毋庸讳言，我国的家庭教育水平比较低下，许多家长未树立起自觉、文明、科学的家庭教育观。家长对子女教育的能力参差不齐，有的甚至充斥着野蛮和愚蠢，存在的问题不胜枚举。有些家长没有认真担负起教育子女的责任，不讲究教育方法，对子女的成长不管不问，对孩子要求不够，督促不严，或者认为棍棒底下出孝子，靠打骂教育子女，以为高压式的教育必然带来好成绩，必然能培养好孩子。有的家长认为给孩子吃好、喝好就对得起他了，而对于出现的问题又没有一个理智的、切实可行的解决办法。此外，家庭中的一些偶然因素，诸如父母婚变、单亲家庭、父母的恶习等因素，处理不好也影响着孩子的正常成长。

（三）社会不良环境的影响

社会是个大熔炉。它既能促进一个人的发展，也能阻碍一个人的发展，他对人的影响更多是自发性的。当前，社会正处在转型期，各项事物的发展还没有走上正轨，不可避免地出现了一些问题。例如，伴随着人们的物质生活的不断丰富，却没有迎来丰富的、高尚的精神生活，物质与精神出现了二律背反现象，不可避免地带来了一些负面影响：一些学生沉迷于各类电子游戏、低俗视频等，从而荒废了学业。更有甚者，受黄、赌、毒的侵染，以及受媒介对暴力、凶杀等的不负责任的宣传的影响，一些学生出现了违法犯罪的严重的问题。

（四）个体自身存在的问题的累积影响

学生的发展除了受外界因素的影响以外，还受自身已有发展水平的影响。“学困生”

之所以成为“学困生”，是日积月累的结果。问题的根源除了教育以外，最重要的原因就是个体自身。这主要是意志薄弱，自控力差，对学习不感兴趣等。当然，个体自身存在的问题也是“教育”的结果。这种结果的外显，就是不良的后果。这些学生容易被享乐主义、拜金主义、个人主义所俘虏，久而久之，就容易由“小后”发展到“大后”，形成恶性循环，沦为“学困生”。

三、教师要积极做好“学困生”工作

做好“学困生”的教育工作，成为刻不容缓的任务。对于整个社会而言，则要创造学生发展的良好的外部环境。正如上面提到的，学校以外的家庭、社会等因素的不良状况影响学生的发展。因此，对“学困生”的教育工作离不开学校与家庭的配合。教育是个系统工程，在家庭方面，家长应确立“培养孩子是一项非常重要的工作”的观念，对孩子的教育是家长工作的重中之重。同时，家长要学习正确的家庭教育方法，要尊重孩子，要以身作则，做孩子的榜样。在社会方面，要淡化“学困生”“优等生”的概念，要认识到每个孩子都有长处，都有存在的价值。同时，全社会都要重视精神文明建设，为儿童成长提供良好的氛围。对于教师而言，则应该采取以下对策。

（一）教师要转变教育观念

教师的观念是“学困生”能否转变和产生的关键。不可否认“学困生”的产生原因主要在于教师教育力、教育水平低下，因此，正如“解铃还须系铃人”一样，“学困生”的转变也离不开教师的教育力的提高，而这其中的关键在于教师的教育观念。在教育观念方面，教师应该摒弃学生在身、心方面有等级区分的观念，树立“不求人人成才，但求人人成功”的思想观念，应该坚定转变一名“学困生”至少与培养一名“优等生”同等重要的信念，如果再联系到转变工作中所要付出的努力和辛苦的话，有什么理由不承认它的重要性呢？而且，要认识到预防“学困生”的产生是从根本上解决问题的关键所在。

（二）教师要改进教育方法

教师的教育观念体现在实际教育工作中，就具体转化为教育方法。因此，适切的教育方法也是转变“学困生”的关键一环。教师的适切教育方法至少应包括以下方面：针对“学困生”身、心两方面相互影响，一方面存在问题，另一方面也容易产生问题的一般规律，教师要双管齐下，“两手都要硬”，品德与学业一起抓，使“学困生”的学业与思想并进；教师要在评价方面多下功夫，评价是“指挥棒”，它对学生的发展有鲜明的导向作用，教师要多采用“发展性评价”“增值性评价”，教师要善于发现学生的“闪光点”，对于学生的每一点点进步都要给予热情的鼓励，满足学生期待鼓励的心理需要，以便发挥评价的激励功能；教师在教育过程中要多与学生进行情感交流，要热爱每一位学生，以便收到“以情动之”的良好效果等。

（三）教师要根据“学困生”转变的规律，要“反复抓，抓反复”

“学困生”在转变的过程中，经常会出现反复的情况，许多事实表明，“学困生”的转变过程就是“进步—反复—再进步”的过程，“学困生”就是经过这样曲折的道路而转变好的。但这仅仅是一种事实的反映而已，而不是一条铁定的客观规律，因为事实的产生是源于许多因素，而关键在于教师。只要教师大力提高自身的素质；只要不抱有“毕其功于一役”的幻想；只要持之以恒，长抓不懈；只要认识到问题的实质，防患于未然，就有理由相信：这种反复的过程会一去不复返！

（四）教师要帮助学生树立信心，使其努力改造自我

虽然，教育在促进儿童发展方面具有主导作用，但不能否认个体促进自身发展的决定作用，而且，它是外部因素转化为内部因素，即内化的关键因素。个体的自我建构是使个体真正成为主体、得到真正意义上的发展的唯一途径。但任何教育都须转化为自我教育，才会发生作用。因此，“学困生”的转化最终要依赖于个体自身：依赖于他自身的积极性，依赖于对自我的信心，依赖于个体的自立精神。只有“学困生”致力于自我改造，努力汲取外界力量，由落后到先进的转化才能真正落实。当然，“学困生”的自我意识和自信心的树立也离不开外界的影响，尤其是教师的适切教育。教师要用爱心去呵护学生，用智慧去启迪学生，积极帮助学生制定总目标和分解目标，引导他们去攻克一个一个小的具体目标，从而不断走向成功。

总之，“学困生”的教育工作是需要教师去开拓的一片天空。教师要勇于接受挑战，不断提高自身教育“学困生”的能力，积极地完成这一艰巨的任务。教师要明确，“学困生”的教育工作是长期的、艰巨的，但是，是能够做好的。只要找准问题的症结，并采取切实可行的办法，“学困生”将会被引导好、发展好，即都能够不断超越自身，不断完善和发展。这不仅是每位学生的幸事！更是教育的幸事！社会的幸事！

第三节　智力差异与非智力差异教育

一、智力差异与教育

（一）智力的概念

在科学上给智力下定义是个非常复杂的问题，1921年美国《教育心理学》杂志邀请了当时17位知名的心理学家，请他们每人为智力作出一个定义。结果在对智力的看法上有很大分歧。至今，国内外心理学界对智力的本质仍是众说纷纭。有人认为，智力是一种学习的潜能。有人认为，智力是发现问题和解决问题的能力。也有人认为，智力是个体有目的地行动、合理地思维，并有效地处理周围事物的一种潜能。综合大多数心理学家的观点，可以认为“智力是一种以脑的神经活动为基础的、偏重于认识方面的潜在能力，其核心是抽象思维能力”[1]。

（二）智力测量

1916美国斯丹福大学的推孟教授修订比西量表（1905比奈+西蒙→比西量表Binet-Simon scale），成为斯比量表（Stanford-Binet Intelligence Scale）。其最大特征是：改变原来的心理年龄（或称智力年龄）概念，而以智商（intelligence quotient，IQ）表示智力。智商代表心理年龄与实足年龄间的比值，故又称为比率智商。IQ（智商）＝（MA心理年龄/CA生理年龄）100。心理学家们把智商100看作常态标准。据统计，智商在90～110的占人口总数的一半。智商在120以上的可视为智力超常儿童，130以上则为极超常，智商低于70的则为智力缺陷（弱智）儿童。其分布情况大致如下（表4–1）。

表4–1　智商的分布表[2]

智商	人数的近似百分比/%
130以上（含）	2
120～129	7
110～119	16
100～109	25
90～99	25
80～89	16
70～79	7
70以下	2

[1] 阴国恩．智力因素、非智力因素与教育［J］．天津师大学报（社会科学版），1999（4）：27.

[2]（美）布恩，等．心理学原理和应用［M］．韩进之，等译．北京：知识出版社，1985：220.

（三）应注意因材施教，针对超常儿童和弱智儿童采取相应的教育

人的先天禀赋有差异，表现在智力方面，则既有智力水平的差异，又有智力结构风格的差异，还有智力发展早晚的差异。再加上后天环境的不同，导致人的发展特质和速度以及最终达到的水平都会有所不同。

1. 根据智力超常儿童特点开展教育

智力超常儿童一般表现出精力旺盛、求知欲强、动脑好问、主动学习、有自信心、意志坚强、兴趣稳定、养成良好学习习惯等。教师在对此类儿童进行教育时应注意做到："第一，要注意早发现、早培养。第二，要注意使其全面发展，并注意培养个人特长。第三，要注意引导他们树立远大理想，不应满足于现状，甚至骄傲自满。"[1]

2. 对于弱智儿童的教育应同样特别重视

国家为保障他们受教育的权利，设置特殊学校、特殊班等进行特殊教育，以便更好地对他们进行培养。当前，有部分特殊儿童，包括智力缺陷儿童进入了普通学校接受融合教育，这是需要注意的新情况。对教师而言，则要有针对性地对智力缺陷儿童进行耐心、热心的教育，并要引导正常学生尊重、关爱他们，促进他们得到相应的发展，而且正常学生对这些特殊学生的帮扶，也是社会文明进步的标志，需要重视这种价值观引导。

（四）"多元智力"学说对教育有新的启示

近来，比较流行和对教育影响较大的智力理论是美国心理学家霍华德·加德纳提倡的多元智力论（theory of multiple intelligence）。1983年，加德纳教授发表了《智力的结构：多元智力理论》的著作，提出了人类智力的一种新的理论，即智力多元论。加德纳教授认为：每个人至少有7项智力（即语言智力、音乐智力、数理逻辑智力、空间智力、身体运动智力、人际交往智力和自我认识智力），并认为："智力是在特定文化背景或社会中解决问题或制作产品的非常重要的智力。"1996年，加德纳又提出第八种智力：自然观察者智力。1999年，加德纳又正式提出第九种智力：存在智力。9种智力具体如下。

---

[1] 柳海民. 教育原理[M]. 2版. 长春：东北师范大学出版社，2000：567.

（1）语言智力（linguistic intelligence）——学习使用语言文字的能力。

（2）数理逻辑智力（logic-mathematical intelligence）——数学运算及逻辑思维推理的能力。

（3）空间智力（spatial intelligence）——凭知觉辨识距离判定方向的能力。

（4）音乐智力（musical intelligence）——对音律节奏之欣赏及表达的能力。

（5）身体运动智力（bodily-kinesthetic intelligence）——指支配肢体以完成精密作业的能力。

（6）人际交往智力（interpersonal intelligence）——指与人交往并能和睦相处的能力。

（7）自我认识能力（intrapersonal intelligence）——指认识自己并选择自己生活方向的能力。

（8）自然观察者智力（nature-observational intelligence）——洞察自然的能力。

（9）存在智力（existential intelligence）——陈述、思考有关生与死和终极世界的倾向性的能力。

多元智力理论一经提出，即在教育界引起热烈响应，它为学校和教师培养人才方面拓宽了理论思路，也更加富于实际操作，尤其对我们树立正确的教育观和正确的学生观、形成多样的教学观和改变以往一些不正确的教学行为，启发极大。在教育教学中教师不应仅仅关注学生的语数外等成绩，或仅仅关注学生一个方面的智力，而应知道学生的发展是多方面的，一个人可能在某些智能方面不如他人，但他可能在其他智能方面有自己独特之处，只要教师愿意去发现、挖掘学生的独特智力，任何学生都能够成才。

总之，教师必须具备根据不同智力差异而进行适切教育的能力，确保每个学生都得到最好的发展。

二、非智力因素差异与教育

（一）非智力因素

所谓非智力因素（nonintellective factor）是指动机、兴趣、情感、意志、气质、性格、习惯等心理因素。

非智力因素具有个别差异，且呈复杂状态，通常表现为方向、性质、强度等方面的差别。由于非智力因素的差异，容易使人的发展表现出差异。

（二）重视非智力因素的差异，采取相应的教育措施

1. 学生学习动机的差异与教育

有的学生由好奇心引发的认识动机强烈，不断发问：这是什么？那是什么？为什么？有的学生自我提高的动机突出，迫切希望通过学习得到同伴的尊重；有的把获得家长与教师的表扬作为努力学习的动机。不仅有方向、性质的不同，同时有强度、水平的差别。这要求教育者善于区分学生的动机表现及差异，激发其积极的学习动机，引导其具备正确的学习动机。

2. 成就动机差异与教育

有的学生具有良好的成就动机：主动参与活动、持续从事学习活动、独立完成指定课业、能容忍失败的挫折、将失败归因于努力不够、有较佳的学业成就等。而有的却相反。具有不同成就动机的人，他们所取得成功的可能性也是不一样的。教师要培养学生具备良好的成就动机，使学生不断走向新的成功。

3. 学生自我观念的差异与教育

自我观念，简单地说，就是从自己对自己的认识、自己对自己的态度、自己对自己的控制。研究发现，学生自我观念与学业成就的关系是：自我观念与学业成就之间的相关是互为因果；学生的自我观念与学业成就之间有正相关。教师要帮助学生确立积极的自我观念，使之能正确认识自己，悦纳自己，接受自己，还要有自知之明，对自己的能力、特长和性格中的优缺点，能做到客观、恰当的自我评价，即不自傲，又不自卑，并能面对和处理好日常生活、学习中遇到的各种挑战。

4. 兴趣差异与教育

有的倾向于直接兴趣，有的倾向于间接兴趣，从个体发展看需要二者相结合，学生在发展的不同阶段和个体之间其倾向都是有所不同，教师要根据学生各自的兴趣表现给予积极引导，实现有效的转化。

5. 情感和意志的差异与教育

学生之间既有情感意志的指向性区别，对不同事物表现出积极情感，在不同的活动中

表现出具有意志力，也有强度、深度的不同，有的学生情感表现丰富而强烈，意志坚强而稳定，有的学生则表现出明显不足，需要创造条件给予特殊的关心和帮助。

6. 性格特征差异与教育

学生的性格表现为对事物的稳定态度，每个人均有其性格特征。有的内向，趋于沉稳；有的外向，趋于鲁莽，由此形成不同的行为习惯。学校教育要贯彻因材施教的原则，对性格特征不同的学生进行同一内容的教育应有不同的手段与方法，否则就难以取得良好的教育效果。

总之，非智力因素是学生发展的重要方面，又对其智力发展起着调节和推动作用。在学生的发展过程中，智力因素与非智力因素的关系是相辅相成、相互促进的，但两者的发展表现在学生身上常是不平衡的。传统教育多注重智力发展，对非智力因素的发展重视不足，没能充分发挥非智力因素的调节与推动作用。学生学习成绩的好坏、发展成才的快慢，不仅受智力因素的影响，也受非智力因素的影响，甚至往往不是取决于智力水平的高低，而是取决于非智力因素的差别。甚至有人断言，一个成功与否的关键因素取决于非智力因素，即80%是由非智力因素决定的，而智力因素仅起20%的作用。因此，重视非智力因素的差异，采取相应的教育措施，既是促进智力因素发展的重要手段，又是学生个体良好发展的重要内容。智力因素与非智力因素在发展过程中的不平衡状态，对贯彻因材施教原则提出了更高的要求。教师不仅要注意到学生智力发展上的差异，更要进一步考虑非智力因素方面的不同，从而更为深入地掌握学生之间的差异，进行有针对性的教育。

第四节　性别差异教育

一、性别差异

性别差异，习惯上指性别的心理差异，即男女学生在个性、智能和成就等方面的差异。研究表明：在智力上，男女的智商存在着差异，但不明显。在许多特殊能力面前，性别差异较为明显。在数学、抽象思维等方面男性占优势，而在言语、形象方面，则女性占优势。在个性和行为方面，男女差异较大。男性的支配感较强，女性较顺从，易受别人的影响；男性的攻击行为比女性多；男性的自信心、自我估价较女性高；女性比男性更易恐惧、胆小、富于同情心，比男性更易移情。在成就动机、兴趣爱好方面，男性成就动机较强，而女性较弱，甚至达到一定水平后有回避成就的动机。在成就上，男性成就水平普遍高于女性。工程技术、科学研究是男性取得成就的传统领域。女性成就较多的是在艺术、教育等领域。另外，在社会关系、社会交往、情绪反应、性心理、家庭生活方面，都存在着性别差异。

男女学生从小学阶段开始在身心发展上表现出一定的差异。一般而言，女生观察事物比较细，记忆力强，表达能力较好，多擅长形象思维。而男生则有兴趣广泛，好奇心强，胆大好动，对有兴趣的事物注意力更集中，有较好的抽象思维能力。表现在学习成绩方面，则小学阶段女生整体上优于男生。据调查，小学和初一、初二年级，女生学习成绩高于男生，优秀率多20%以上，这种情况到初中三年级开始逆转。例如，在历年的全国十佳少年中，基本上有六名女生，四名男生，说明小学阶段女生总体上优于男生。

二、性别差异产生的原因

研究发现，男女性别差异既有自然原因，也有后天教育及社会影响的原因。

（一）遗传的自然原因

生物学家认为，男女两性智力的差异首先是具有生物前提的。有关智力方面的男女两性遗传因素的差别，大致有以下两种认识。

1. 染色体说

有关研究表明，染色体数目的变化或结构的改变，会引起各种染色体病而影响智力发展。染色体畸变相对容易在男性身上发生，从而导致男性智力缺陷和智力低下的人数多于女性。而且，同是某种染色体畸变，对男女两性智力的影响也是不同的。例如，男性如果多一条X染色体，就不能生育，并使其智力明显低下。而女性若多一条X染色体，一般不会影响生育，对智力影响也不像男性那样严重。

2. 性激素说

性腺激素（即荷尔蒙）会引起心理与智力的变化。由于荷尔蒙的作用，男女两性的大脑功能在成熟化、特长化、优势化等方面表现出差异。一般说来，人的左脑具有处理抽象的语言信息的功能，右脑则具有处理形象的非语言信息的功能优势。女性的大脑比男性的大脑成熟早一些，而且左半球又比右半球成熟得早，所以左半球优势化就早一些。因此，女性就较早地表现出比较强的语言信息处理能力。男性大脑的右半球比左半球成熟得早，所以右半球特长化和优势化比左半球明显，并比女性强。因此，男性表现出对非语言信息处理有较强的能力。另外，由于女生比男生发育成熟早，进入青春期的时间提前，暂时的不适应性比男生明显，容易分散注意力。

所以，生物学的遗传因素对造成智力发展性别差异的作用是客观存在的。

（二）不当的家庭教育、学校教育及男性社会的环境对女生的负面影响导致差异进一步加大

在家庭教育及学校教育中，家长及教师对男女孩子的期望及教育方式有很大差异。尤其是学校教育未能深入研究性别教育问题，以集体教育为主，而容易忽视学生性别差异，不能很好地进行有针对性的教育。例如，在小学阶段，教师及家长往往只注意女生学习认真，听话，成绩好，很少注意培养其思维能力；对男生也很少进行提高观察能力，培养仔细认真精神的训练。从而使学生发展前期的问题没能很好解决，而影响后期发展。

此外，虽然现代社会提倡男女平等，但性别偏见充斥着整个社会，男权社会的传统影响还有很深的烙印。性别角色刻板化现象还很严重。社会给男女生发展提供的机会是不一样的，对男女生发展的要求也有很大差异。这往往影响了女生的进一步发展。例如，许多研究证明女孩阅读较好，男孩擅长数学。但跨文化的比较论证了这种差异是社会文化因素而不是生物因素造成的。导致差异的因素，在某一国度有利于某一性别，在另一国度则有利于另一性别。

三、对教师教育教学的要求

教师应改变传统教育模式，对于男女学生的了解和教育应尽可能地考虑到各种变量，承认男女之间存在着差异，要针对性别差异，开展针对性教育，发挥男女生各自优势，并注意弥补各自不足，使他们能够齐头并进，促进每一个男女学生都得到全面发展。同时，又不宜过度过早地宣扬差异，以免人为地造成性别差异，把影响学生的发展因素固化为性别差异，把教学、教育引向歧途。

本章所阐述的几个问题，都是关于因材施教的一般原理及针对几种特殊情况如何因材

施教的问题。随着经济社会的不断发展和改革，人们的生活方式、思想观念都在发生着翻天覆地的变化，其他各方面也都表现出新的特点。例如，在近些年，单亲、重组、留守儿童、经济困难等特殊家庭逐渐增多，越来越引起重视。这些家庭的子女教育问题也逐渐引起人们的重视。这些都是教育提高效率和针对性，教师开展因材施教的重要的新的课题。教师必须不断研究新事物、新问题，不断提高教育的针对性，取得更好的教育效果。

第五章　小学教师特性

小学是儿童接受正规教育的第一个阶段，也是义务教育的起始阶段，它不仅是儿童发展的基础，也是社会发展的基础和后续教育的基础，可谓重中之重。它之于儿童发展的作用，可以用下面这首打油诗《小学不小》来表达。

小学不小

人人都说小学小，这是不解其中妙。
小学名小实不小，天地之间最重要。
童子六岁入学校，兴趣习惯皆需导。
德智体美劳素质，全面发展才是好。
人生现在和未来，快乐幸福基础牢。
文化生命是个宝，人之为人由它表。
成才成人更成己，理想达成要高效。
既要有术又有道，科学艺术不能少。
看似是个小学校，内涵丰富很深奥。
悠悠万事相比较，唯此为大是正道。

从诗中可见，小学教育可谓“悠悠万事，唯此为大”，它引导儿童养成良好习惯，保护和培养儿童学习兴趣，培养儿童全面发展，既要关注儿童现在的快乐和幸福，也要为未来的快乐、幸福和发展奠定基础，它通过给予儿童以文化生命，把儿童培养成为一个真正的社会之人，它的根本目的是帮助儿童成才成人，更要成为最好的自己，同时，小学教育工作是一个既有道又有术的育人工作，必须遵循育人的基本要求，合情合理，体现科学性，又要采取创新、灵活、有效的方法，体现艺术性，总而言之，小学不小，小学很大。

小学之所以能承载着重要的育人和社会价值，是因为有训练有素的教师，换言之，要想发展好小学教育、发挥小学教育的作用，关键在教师，教师主导着学生的发展，从而也引领着社会的发展。可以说，由于小学教育具有独特性，决定了小学教师也有其独特性。本章基于小学教育的独特性，阐述小学教师的独特性。

第一节　教育性与教学性

关于教育性和教学性的问题，其实就是要探讨小学教师到底要以整体的关注儿童整个生命的教育工作为主，还是以具体的关注学科知识的教学工作为主的问题。毫无疑问，对于任何学校教育而言，教育性和教学性都很重要，因为对于学校而言，教育主要通过教学实现，教学必然为教育服务，但对于小学而言，教育和教学的关系与其他年龄段层次的学校教育相比，则有其特殊性，换言之，如果要突出其中一个方面，则教育性应该是小学教育的突出特点，具体分析阐述如下。

一、小学生年龄特点对教育性的要求

小学生从一个以游戏活动为主的幼儿阶段进入到逐步以学习活动为主的小学阶段，他们表现出一些新的发展特点，这决定了教师的工作要体现教育性要求。

1. 学生的不成熟性

小学儿童还比较幼小，脱离父母怀抱来到学校，离不开教师的爱和关怀。儿童6岁步入小学成为小学生，无论心理、身体，还远未成熟，例如，其大脑发育水平只达到成人的50%～60%的水平，到8岁时可以达到成人的80%左右的水平，可以说各个方面都处在快速发展时期，此时期的学校对于小学儿童而言，不仅是一般的通过教育教学，掌握知识、全面发展的作用，还有相当程度的保育作用，需要教师像父母一样照管其饮食、卫生、健康、安全等方面，可以说“对处于生命初始阶段的小学生而言，小学教育还内在地具有‘照料’和‘呵护’儿童的价值”“具有‘抚养’的价值”[1]，这需要教师给予学生们以全面关注。同时，小学生需要逐步适应学校生活，适应新班级、新环境，结交新朋友，熟悉新老师等，这一切都是全新的开始，也需要教师予以引导。鉴于小学生的这些特殊

[1] 曾文婕，黄甫全. 小学教育学［M］. 3版. 北京：高等教育出版社，2017：57.

性，很多老师所开展的教育都有其针对性，给学生创造良好的成长氛围和条件。例如，著名小学教育家斯霞老师倡导“童心母爱”教育，倡导教师保持一颗“童心”，真正地喜欢儿童、理解儿童、尊重儿童、培养儿童，教师对学生的爱就等同于父母对孩子的爱，纯洁无私、无怨无悔，用爱点燃儿童成长的火炬；再如，著名小学教育家霍懋征老师提出“爱的教育”体系，强调没有爱就没有教育，教师将爱洒向每个学生，让学生在爱的怀抱中茁壮成长。

2. 学生的向师性

学生有其“向师性”特点，即学生相信教师、依靠教师、模仿教师，以教师为榜样，教师的言行举止都对其有示范作用，而低年级的学生由于自我意识不强，这个“向师性”特点更明显。这就意味着在小学阶段，尤其低年级阶段，教师对学生的影响至深，潜移默化的影响更大，需要教师时刻注意自己的一言一行，发挥好应有的教育价值。

3. 学生的易受暗示性

教师对学生的期望和态度影响学生的发展。美国心理学家罗森塔尔所发现的“皮格马利翁效应”，指出教师的期望、态度等影响学生的成长。教师所具有的一个高的期望值和好的态度，有利于学生更自信、更坚强、更投入，从而会有更好的发展。同时，需要注意的是，这个效应在小学高年级的作用有所降低，即这个效应随着年级的增高，效应会逐渐降低，低年级效果会更好，这是因为低年级更容易受教师的影响，有其易受暗示性的特点。这就意味着在小学阶段，尤其低年级阶段，教师的期望和态度对学生的成长有非常重要的作用，教师要发挥好这个作用，促进学生的成长。

总之，上述这些学生特点，不管教师是教哪个具体科目、是不是从事具体教学工作、从事哪个具体工作，都要求教师要发挥教育的综合作用和价值，体现教育性要求。

二、教学本身有其教育性要求

教学本身具有教育性要求，任何教学都是教育的组成部分，每一位教师都是德育教师，而且首先也都是德育老师，育人是每个教师的第一要务，这等同于当前的课程思政的要求，其次每一位教师才是具体科目的教师，而且科目教师在传递具体科目知识的时候，必须要把完成教育性任务放到首位。

1. 教学具有教育性

我们常说教育主要通过教学来实现，即教学是教育的基本途径，则教学任务具有全面性，促进学生德智体美劳全面发展。可见，需要树立全面性的教学任务观。在此，我们不细致讨论教学的全面性问题，只讨论和强调教学的教育性问题，核心是教学培养学生品质问题。关于教学的教育性问题，赫尔巴特早在其于1806年发表的名著《普通教育学》里就提出了“教育性教学”的观点，他说：“不存在‘无教学的教育’这个概念，正如反过来，我不承认有任何‘无教育的教学’一样”[1]，这里的教育指的是道德教育，他认为任何教学都有道德教育的价值。在今天我们理解教学的教育性，一般从两个方面考虑，一是从教师自身的身教角度而言，在任何教学中，教师本身就是最大的教育力量，教师是学生学习的榜样，时时刻刻用自身的言行举止影响着学生，这种榜样的力量难以估量、价值巨大，会给学生一生都刻下不可磨灭的印象，教师也应该成为这样一位让学生一生都受益无穷的领路人；另一个方面就是从教育教学内容角度而言，我们都是把最有价值的知识教给学生，这些最有价值的知识里都含有各个方面的教育因素，包括品质方面、思想方面、观念方面、情感方面等，教师要深入挖掘和利用好教育教学内容，引导学生去感悟、体验，提升学生修养。

2. 教学是学校教育的基本途径

进一步分析，教育教学本来是不可分割的，教育活动包括教学活动，所有的教学活动必然就是教育活动，但我们为什么还要强调教学具有教育性，教学是为教育服务的呢？实际上是因为，有时候教师容易陷进具体知识教学环节，而往往忽视了教学的更重要的教育价值，甚至放松了对自己的严格要求，给学生造成不良影响。同时，我们还必须强调，对于基础教育，尤其小学教育而言，更要重视教学的教育性，因为小学阶段是为学生一生奠基的最重要阶段，也是学生受教师和教育影响最大的阶段，在这个阶段，教师的工作中心应该是育人，教师是学生的兴趣引导、习惯养成、信心提升、品质陶冶的良师益友，而单纯的教书、知识教学则在其次。换言之，小学各科教学中知识教学不是最重要的，给学生成长创造一个和谐、温暖的氛围比什么都重要，甚至可以说，学生在知识方面即使存在缺陷终归可以逐渐弥补，而习惯、品质等方面的缺陷则容易被一再放大，不易纠正，影响至深。

---

[1]［德］赫尔巴特. 普通教育学·教育学讲授纲要［M］. 李其龙，译. 北京：人民教育出版社，1989：12.

所以，教师必须遵循教学的教育性要求，注意自己的每一个施教细节，时刻不辱自己的使命，为每一个孩子的良好成长打造一个教育性的空间。

第二节　综合性与分科性

虽然小学课程综合化和人才培养综合化是当前小学教育的基本特点，但由于传统上的分科教育在当前仍还有一定市场，这就需要进一步强化小学教育综合性特点。小学教育之所以要体现综合性，是因为需要有以下几个方面予以考虑。

一、学生的发展具有整体性

人本来就是一个整体性存在，世界也是一个整体，各个方面都有千丝万缕的联系，开展综合教育、培养人的整体性是教育应有之义。鉴于此，现代教学从儿童生命整体和儿童思维出发，提倡综合性教育，密切教学内容的有机联系，让学生认识完整的世界，从而培养学生的综合意识和能力，培养完整的人。但当前，学科划分更加细致，知识分类更加清晰，分科教学大行其道，很容易导致所培养的人才缺乏对世界的整体认识能力和处理问题的综合能力。所以要进一步强调综合能力的培养，适应人的整体性发展要求。

其实在人类整个有记录的历史上，人的培养都是以综合、整体性的培养为主的。在相当长的时间内，人类需要学习的知识大都融合在一起，各类经典著作也都是内容丰富、无所不包，还没有形成明确的学科边缘界限，教师也是“全科式”，甚至一个教师全包一批不同年龄段的学生，教学方式是个别教学为主。可以说，在漫长的学校教育史上，教育教学中内容的综合性、一体化的特点比较明显，而且很多学生也因此成长为了“百科全书式”的大家。所以，从整体性上培养学生是有其历史根基的。在这方面需要很好地总结和探究。

二、教学有综合性要求

随着学科知识越来越丰富、学科分化越来越具体，教育教学内容也越来越强调分门别类，知识呈献给学生时有些支离破碎。这导致教学与学生成长的整体性矛盾加剧，急需用综合性教育培养完整的人。

为此，教师应积极应对教学综合性要求，不断提高自身的专业水平，增强综合教育能力。有什么样的教师就可能有什么样的学生，一个具有多学科基础、综合能力强的教师，在开展综合教育、培养学生综合能力方面必然更能应对自如。基于小学阶段儿童对世界的认识具有整体性和综合性特点，人们对小学教育的综合性和独特作用的认识更加深入和准确，小学阶段开展综合化教育越来越成为一种世界潮流，这对小学教师的要求更加明确，小学阶段的教师应成长为全科式教师，为儿童完整的生命奠基。实际上，为了应对小学教育综合化的需要，各主要国家都在培养综合型、全科型的小学师资。其实，我们国家历史上的中等师范学校也是以培养综合型小学师资为主的一种教育模式，后来随着高等师范教育的进一步发展，逐步侧重和沿袭了中学师资培养的分科培养模式，但从1998年左右开始，一些师范大学开始探索试办小学教育本科专业以培养小学综合型、全科型师资，随后教育部也在新的本科专业设置和人才培养方案要求中，明确了小学教育培养小学综合型、全科型师资的要求。

三、小学各学科知识间的联系紧密

虽然随着学科知识体系的不断分化和深化，学科知识体系越来越独立和自成体系，但实际上，不管学科知识体系是如何独立和系统，但这从来都不具有绝对性，只是不同程度的相对独立和自成体系，学科间仍在不断打破森严壁垒，有交叉、融合的特点。尤其是小学所涉及的学科知识体系，还必须要与儿童身心发展相契合，尽可能体现学科知识间的联系，借助其他学科知识体系，才能把一个学科知识体系阐述清楚。例如数学等学科知识首先要以语文学科知识体系为基础，而语文学科，也会融入数学、历史、自然等科目的知识，学科间的相互支撑作用非常明显。也可以说，在小学阶段，学科知识并不高深，更主要的是要强调学科知识的横向联系、有机融合。

学科融合主要有两种形式：

一是从课程资源开发方面而言，坚持课程生活化、主题化，开设生活课程、综合课程。为此，一些国家开设了综合课程。例如，美国在《2061计划》中提出的课程改革，注意自然科学、社会科学和数学知识的综合，并增加必要的技能训练。每门课程自成开放性的体系，在同一个单元里将多学科综合起来进行教学。如“水——自然环境”这一单元教学，就涉及理科调查，社会的“自然环境”的教学，数学的用水量计算，语文的写作四门学科的综合。加拿大也在小学开设了“生活科学”“太空科学”“地球科学”“加拿大研究”等综合课程。日本文部省有关的课程部门于1997年发布的《日本教育课程基本方向（阶段总结概要）》报告中和1998年中小学新修改的课程计划中可发现，日本课程框架发生了大的变化，在原有板块基础上，新设置“综合学习时间”板块。“在新设置的‘综合学习时间’中，可以根据各地区、各学校的实际情况，对国际理解及外语会话、信息、环境、福利等教学内容进行横向的综合学习”。日本课程改革的目标核心是在知识的“综合性”“基础性”和“选择性”的基础上，让学生习得“主观性知识”和“综合性知识”。我国为了培养中小学生的综合能力，新的课程改革在义务教育阶段设置了“品德与生活”“品德与社会”“综合实践活动”“历史与社会”“科学”“艺术”等综合性课程。同时，各校在学校层面的课程中，也是进行了一些有益探索。例如，江苏溧阳市实验小学在课程改革中，进行了“从学科中心课程到儿童中心、社会中心融合的课程”的探索与实践，在融合课程中，注意“把各科内容与儿童生活联系起来，从儿童现实生活和精神生活中确定中心议题”“构建基于生活主题、基于问题解决、基于项目完成等课程”[1]。清华大学附属小学所进行的“1+X”课程改革，也注意了相近科目课程间的联系和融合，将国家课程中的各个学科分类整合，“整合为五大领域：‘品格与社会’‘体育与健康’‘语言与人文’‘数学与科技’‘艺术与审美’，为学生提供完整的教育情境”[2]。

另一方面就是从教学角度考虑，则要求教师在围绕有关知识点进行教学时，要尽可能利用自身的综合能力，结合学科教学内容，适度打破学科界限，横向联系相关学科知识，加强不同学科的知识交叉、有机融合，拓展学生知识面，把知识与实际生活联系起来，引导学生去认识完整的世界，从而培养综合能力。例如，清华大学附属小学“低年段重视小幼衔接，强调整合、模糊学科的边界”，有一位傅老师担任了科学、美术、数学三科教学任务，在她的“认识 0 到10各个数”的数学教学中，“将语文课正在学习的古诗‘一去二三里，烟村四五家。亭台六七座，八九十枝花’中小写的中国数字，人民币上大写的中国数字，引入课堂，学生就能够区别开什么时候用怎样的符号表示数”[3]。

总之，小学教育需要重视综合性，虽然也有很多分科课程和教学，但分科的目的是便于教学，各科目间必须要加强联系，培养儿童的综合能力。而且，今后的课程与教学改革，必将会进一步强调综合性，这是一个大的趋势。

---

[1] 从学科中心课程到“儿童中心”“社会中心”的融合课程——江苏省溧阳市实验小学[J]. 语文世界（教师之窗），2015（12）：65.

[2] 窦桂梅. 新课改背景下课程整合的实践探索——清华大学附属小学“1+X课程”育人体系建构的案例研究[J]. 教育研究，2014（2）：157.

[3] 窦桂梅，胡兰. 基于学生核心素养发展的“1+X课程”建构与实施[J]. 课程·教材·教法，2015（1）：39.

第三节 学术性与师范性

一、学术性与师范性之争是个伪命题

传统上，认为高等师范教育里的师范专业缺乏学术高度，或者学术性不足，因为师范专业往往突出了师范性，侧重教育教学能力方面的培养。这种比较本身的问题在于忽视了师范专业的特殊性。实际上其他专业何尝不是这样呢？即使大家公认为专业的医生和律师等行业，也都是偏重应用，而不是学术创新，但却没有类似的"'医学性'与'学术性'成为引人注目而持久的争论?[1]"鉴于此，为什么人们单单要苛求师范专业不应该是应用（师范性）而必须突出学术性呢？所以这个命题本身是个伪命题，这是对师范专业的一种偏见，这可能源于"人人都是教育家、人人又都不是教育家"的怪现象，大家自以为是懂教育，感觉教育无它，没有什么"金刚钻"，但实际上教育是有自己的独特专业性的，所以很多人实际上是外行，根本没有真正懂教育，但又不知道自己不懂，反而因为自己接受过教育、了解教育、甚至在教育自己的后代，所以以为自己很懂教育，还对教育指手画脚。所以，叶澜教授认为学术性与师范性之争是"一个真实的假问题"[2]。为了给师范专业增加学术性，一些专家借用波依尔（Ernest · L · Boyer）所提出的学术水平包括"教学的学术水平"[3]的观点，认为师范性本身就内含着学术性，或者说教学本身是一种学术，具有创新性、能动性，这虽然合情合理，但必须得承认，此学术非彼学术。这是每一个应用性特色鲜明的专业所具有的共性。

二、师范专业的独特性

师范专业的特殊性在哪里呢？同样是一个汉语言文学专业，如果一个是师范专业，一个是普通专业，这两个专业应该有各自的独特性。按照鲁洁教授的研究，单从专业知识方面分析，则面向基础教育的师范专业应该体现理论性、系统性和基础性的3个特点，意味着师范专业应侧重把理论性的、系统性的和基础性的知识传递给学生，因此师范专业应以

[1] 叶澜．一个真实的假问题［J］．高等师范教育研究，1999（2）：14.

[2] 叶澜．一个真实的假问题［J］．高等师范教育研究，1999（2）：10.

[3]［美］欧内斯特·波依尔．学术水平反思［A］．发达国家教育改革的动向和趋势（第五集）(C)．北京：人民教育出版社，1994：23.

理论知识为主，而不在于获得实践知识和如何在各行各业去应用这些知识，将来可以用理论知识去影响自己所教的学生；应以系统性的知识为主，让学生明白知识的来源、产生、发展和变化以及未来的趋势，把握知识的创新特点，让学生知晓整个知识体系，把握知识的整体；应以基础知识为主，侧重基本的概念、原理、方法等。而普通汉语言文学专业则一部分是侧重培养语言文学的研究人员，一部分培养语言文学应用方面的人才，前者则侧重语言文学领域的知识面的宽度和某个具体方向的深度，而后者则侧重某个领域的应用，比如培养写作人才、秘书人才、编辑人才等。无论侧重哪个或则哪些方面的教育，都是围绕专业需要而设计的。

此外，师范的独特性其实还可以从另一个角度去思考，即不仅从教学上去关注学术水平，而应该从整个教育或者教育教学上去思考其学术性，体现自身特点，据此，则可以从科学、道德、艺术即真善美三个角度去理解师范的特殊性。科学的角度，则是教育教学要符合教育科学规律，教育教学的发生符合真的要求，要求真，教育教学是真正的教育学，而不是打着教育教学的旗帜，而违背教育教学要求；道德则是指教师的核心素养是要具备爱心，热爱教师专业、关爱每个学生、无私奉献于教育事业，这里的爱绝对不是一种偏爱、溺爱，而是要公平公正对待每个学生、严爱相济；艺术的角度，则是教师要创造性地开展教育教学工作，有合适、有效的、甚至创新性的教育方法，这个方法应该是因材施教、潜移默化、润物细无声、充满智慧的，给人一种美的享受。因此，可以总结为师范性要体现为真教育、善爱心和美方法三个方面。

为了突出师范专业的独特性，很多师范院校已经在专业课程改革方面进行了实践和探索。在全部专业课中，都力争突出基础性、理论性和系统性等特点，如前所述这是师范性的专业课程的重要特征。加大教育类课程改革力度，在理论课程方面强化教育理想和信念、教育教学能力、教育研究能力等方面的培养；实践课程方面则增加师范生深入基础教育一线的时间，强调实践的反思能力、实践技能方面的培养。

三、在职教师的“师范性”

在职教师虽然已经离开了师范高校的培养，具备了一定的“师范性”，但“师范性”的增强无止境，即他们的职业生涯发展中需要不断提升“师范性”，自觉提升相应素质、进一步增强自身的特色，体现教师的特性。例如，按照李吉林老师自己的总结，她的成长得益于“学、思、行、著”4个途径的有机融合，除了学习和践行外，思考、反思和著书立说是非常关键的两个方面，尤其是李吉林老师一生的教育研究，在1978年其40岁之后的40年，她发表了350多篇论文和出版了28部著作，可谓笔耕不辍、著作等身、思想丰富，她的这些著作和思想实际上就是她的“师范性”，当然也内涵着“学术性”。因此可以说，在职教师素养的提高，师范性的增强可以主要通过教育教学研究去实现，可以在教育教学研究中成长。教师的教育教学研究要求具体阐述如下。

1. 教师应该成为研究者

教师工作既是个智力工作，属于复杂劳动，充满了智慧和挑战，能够赢得掌声和鲜花，快乐幸福相伴；同时，教师工作也是个体力活，不是一般的复杂劳动，需要付出无数的额外时间和耗费大量的心力、体力，辛苦劳累自知。现在，教师工作又明确了一项重要任务——教师应成为教育研究者，这为教师成长插上了翱翔的翅膀，当然也对教师提出了更高的要求，增加了工作的艰巨性。

从高校教师的角度而言，高校教师是学者形象，既要学富五车，还要著书立说，尤其是自己从事的学科领域的研究应该具有科学性、创新性、意义性等特点，不应“述而不作”，更不应“人云亦云”，缺乏分析辨别和思考创新能力，而应能对很多问题有自己的深入思考和发表独到见解。因此，教师成为研究者，对高校教师而言这应该不成问题，是做教师的自然而然之事、应有之义。但对于基础教育教师而言，则仍是一个面临亟待解决的问题，这既有客观原因，也有主观因素。基础教育教师有没有必要做研究，能不能做研究，能做什么样的研究和做研究需要注意哪些事项等问题还需要深入思考。

实际上，自20世纪60年代以来，基础教育的教师成为研究者已逐步成为教育界的共识。这是社会和人的发展需求所提出的必然要求，是教师职业专业化的必然要求，也是教师个人成长的必然要求，更是提升教育质量的必然要求。同时，教师成为研究者也是只有在当前教师素质整体水平大幅度提高的前提下才逐步成为一种可能，而且这种可能性更多的应该侧重于教育教学研究，而不是以开展学科前沿问题的研究为主，而且，教师要成为一名真正的研究者，增强研究的可能性，还需要解决一些瓶颈问题。总而言之，教师成为研究者具有必要性和可能性。

2. 必要性探讨：教师为什么要成为研究者

传统的教师职业观认为，教师职业没有多少技术含量，教师只是一个孩子王，教教知识、看看孩子，只要有一定文化基础，都可以做教师，跟其他行业相比没什么特别之处。

甚至在历史上，很多教师表现为因为没有做其他行业的本领，所以只能做教师这一行业，甚至表现为很迂腐，被人嘲笑，被人认为“百无一用是书生”；或者是一些人主业不是教师职业，而兼职做教师这一职业，例如，欧洲历史上一些国家为了使裁缝更好地养家糊口，让其兼做教师，这从而导致教师职业的地位非常低微，教师职业难以充分发挥其真正的作用。这些历史现象，表明了教育和教师对社会发展和人类发展的作用还是有限的，这实际上也是大工业生产之前的一种常态。

随着社会的不断进步，经济社会发展对各行各业提出了新的要求，一些职业逐渐成长为专业，具有其他职业不可比拟的社会价值和专业要求，例如，律师、医生等职业率先成为专业。在此社会大背景下，社会对教育发展提出了更高的要求，人才培养需求不断加大，教师的社会责任越来越大，社会和人的发展对教师提出了越来越高的要求，因此，教师职业的特殊性和社会价值也催生了其专业化的运动，探讨教师专业化的研究越来越多，教师职业成为专业的一个重要共识就是教师要成为研究者，教师必须成为研究者的必要性日益显现。可以说，社会分工越来越专业化，教师职业越来越成为一个专业，一名教师如果没有一些教师必备的特殊素养，没有自己的“金箍棒”，很难称之为一名专业人士，不能获得社会的认可，也就很难立足教育界。教师的“金箍棒”哪里来？成为研究者则是一个重要途径。

儿童发展的复杂化，要求教师深入认识、研究儿童。儿童发展不再是千人一面，而是越来越个性化，每个儿童都是一个复杂的生命体。每个儿童的主体意识都在增强，但自私性也不容忽视。尤其是现代人的心理压力越来越大、心理也越来越脆弱，容易被一些矛盾激化。这要求教师处理问题的手段和方法需要有新的改变，不能仅用一个模子来教育学生，也不能动辄呵斥学生，必须不断研究学生，不断提高教育教学水平。

知识越来越丰富、来源越来越多元化，要求教师在学习中反思，在反思中研究，在研究中提高。我们处在一个知识爆炸时代，网络使丰富的知识的传播速度和广度难以估量，其他信息媒体也是丰富多彩，从而使学生获取知识的渠道不再局限于教育和教师，学生的知识来源越来越多元化。教师在学生发展中的作用似有降低之虞。教师的权威受到挑战，教师的工作压力在增大，需要教师储备更丰富更有效的知识，增强与学生的对话、交流能力及指导学生发展能力。

价值观念多元化，需要教师具有独立思考能力和批判精神，这无疑来源于教师的不断学习、深入研究。随着改革开放的不断深入，人们的价值观念也在转变，原先那种一元价值观时代一去不复返。多元的价值观念在激烈碰撞，给学生的冲击非常大，每个学生受到的影响也不完全一致，导致学生对事物的认识、感受和反映都是各有不同。如何宣扬社会主流价值，合理融合多元价值，都是教育和教师必须面对的。教师通过研究，可以不断提升驾驭复杂情况的本领。

社会对教师的期望越来越高，教师需要成为专家，提高研究水平。社会竞争力也从来没有像今天这么激烈，导致教育对人的发展作用从来没有像今天这么重要，从而社会对教师的要求也从来没有像今天有这么高的期望。高的期望，必然有高的要求，也必然使教师有更大的责任和压力。这需要教师有信心、有智慧迎接挑战，承担重任。更需要教师有办法、有能力为社会做出贡献。这都离不开持续不断的反思和研究，成为教育的行家里手，以便承担好更艰巨的任务。

3. 可能性探讨：教师应成为什么样的研究者

教师能成为研究者吗？一个行业的从业人员能否成为研究者，主要决定因素不外乎两个方面。

一是所从事的行业或者学科有没有研究价值和研究空间，只要该行业未解问题或难题较多，且值得研究，通过研究可以很好地改进工作，则有研究的必要。教育作为培养人的活动，教师劳动不同于普通物质生产劳动，教师面临的是一个个鲜活的生命，每时每刻的教育教学活动都可能是在对话和交往中进行，这种师生双方甚至多方的沟通交流形式，这种人与人的相互影响的活动是最不可控的，是预设和生成的复合体，具有极强的复杂性、不确定性和过程生成性，既有规律可循，体现科学性，又可谓教无定法，处处需要教师的创造和智慧，需要教师反思和研究教育教学方方面面的活动。已有的研究结论需要参考，新的问题层出不穷，需要不断探索。教师需要开展备课、上课和课后辅导等工作，每个过程都具有研究性。以备课为例，备课过程的研究性不言而喻，如何研判学生，如何消化教材，如何查阅文献，如何设计教学方法，如何导入，如何讲授，如何讨论，如何提问，如何总结，如何板书，如何调动学生积极性等，都需要教师深入思考。

二是绝大多数从业人员有没有研究能力，这就意味着从业人员须有较高的文化学识水平，且有严格的学术训练和丰富的学术素养，由于教师行业实施专业准入制度，有学历和教师职业资格证要求，且学历要求在逐步提升，这为教师开展学术研究提供了良好基础。

教师究竟能研究什么内容？对于基础教育教师而言，研究的领域大致有两个，一个就是一般科研工作者所从事的本学科领域的研究工作，另一个就是作为教师身份应该从事的教育教学领域研究的工作。由于教师工作繁重，研究反思教育教学工作需要的时间已经很多，很难再抽出时间系统研究自己所从事的学科领域，所以，一般而言，很难身兼二任。这就要求教师应该把研究精力更多地放到自己的教育教学工作的研究上，如果有余力情况下，可以适当开展学科领域的前沿研究。研究教育教学工作，应该主要涉及课程与教材研究，教育教学方法研究，课堂教学问题、德育问题、管理问题研究，这些研究领域既是一个亟待深化研究的领域，也是一个教师最熟悉、最有发言权的领域。教师只有不断地发现问题、思考问题、解决问题，其教育教学质量才会随之水涨船高，自身专业素质也才能得到提升，也才能不辜负社会对其越来越高的期望，承担起育人的重任。

教师作为研究者应该注意什么？首先，教育研究的目的必须明确、准确。教师研究的根本目的是为教育教学活动服务，是为了解决教育实践问题，最后的表现形式是解决了教育教学问题，提高了教育教学效果。这与一般的理论研究的目的有根本的区别，一般理论研究的目的是为了创新研究方法、拓展理论体系、填补理论空白等，最后表现形式是成果发表等。可见，教师教育研究的有用性、实用性特点比较突出。其次，教育研究的方法主要是开展行动研究，可以表现为学习、模仿、实践，而创新性要求则可以不高，也就是说可以把其他教师的好方法直接移植到自己的课堂教学中，或者结合自己课堂的情况，进行一些适切的创新变化，提高教学效果。这个过程更多的是学习、实践、反思、改进的过程。再次，教育教学研究应主要是校本研究。教师主要立足本校、本班、本学科的教育教学特点进行研究，解决的是一时一地的教育教学问题，并切忌随意夸大研究功效。最后，教师研究具有公开性、公益性特点，成果可以共享。教育研究与一般科技创新研究有明显区别，例如，一些技术发明研究等具有排他性，为创造利润服务，具有产业性、商品性，而教育教学的新做法的创生、推广和改善，都离不开一批批教师的接力实践、研究，并成为教育界的共同财富，公开性、公益性特点显而易见。

“铁肩担道义，妙手著文章”，思想的分享和影响应该是教师的崇高价值追求。作为教师，重任在肩，时不待我，需要不忘初心，砥砺前行，把教育教学研究这篇大文章镌刻到生动的教育教学实践中，让职业生命一路奔放，让快意人生尽情挥洒！君子不器，成己达人。愿每一位教师都能在教育教学研究中成就自我，更成就每一位学生！

小学名师发展案例研究

第六章　霍懋征：把爱献给教育者

霍懋征（1921年9月18日—2010年2月11日），女，汉族，山东济南人，1943年毕业于北京师范大学数理系，主要从事小学语文、数学和班主任等教育教学工作，曾任北京第二实验小学副校长，1956年被评为北京市首批特级教师，当代著名教育家。霍懋征始终践行“爱的教育”“没有爱就没有教育，没有兴趣就没有教育”为其教育的座右铭，在语文教学改革和班集体建设方面取得了令人瞩目的辉煌成绩，在教育界产生了广泛而深远的影响。曾荣获全国“三八”红旗手、全国优秀教育世家、北京市模范教师等荣誉称号。

第一节　霍懋征发展基本历程

一、中华人民共和国成立前（1921—1949）

在这个时期，霍懋征不仅早早树立了做一名好教师的理想，还为之一步一步去奋斗、去实现，并在北师大毕业后坚决放弃了留校工作的机会，最终圆梦小学教师工作。进入小学后，霍懋征勤学苦练，奋勇前进，由一位经验不足的新教师很快成长为一名受到好评的全科型教师。

1. 童年夙愿

霍懋征的母亲孙文景女士出生于教师之家，她毕业于燕京大学，曾是山东省立一中的音乐教师，后兼做班主任工作，迁居北京后做过多所中学的老师和北京聋哑学校校长，因工作能力突出，爱生如子，深受学生爱戴。霍懋征曾多次提到，“在成长过程中我感受极深的，是母亲的爱生之情，母亲不仅努力教好每一个学生，还无微不至地关怀那些生活穷困的学生。学生们来家里看望母亲时，他们那种良师益友的深情厚谊感染着我，使我萌发出长大也要做像妈妈那样的好老师的念头”[1]。霍懋征甚至有时会嫉妒母亲对学生的关爱，

[1] 霍懋征. 我一生的追求[J]. 教育家，2003（6）：21.

这进一步加深了她对教师工作的理解和向往。这样，在幼小的心灵中播下了热爱教师工作的种子，对教师工作的憧憬，伴随着她童年的人生历程正一步步去实现。

2. 师大学习

霍懋征在山东省济南市读完小学五年级后，随母亲全家迁居北平上小学六年级和中学。她从小学习就非常勤奋，热爱劳动，成绩非常优异，中学还被选到了学校篮球队。由于各方面非常突出，再加上人又长得漂亮，甚至有同学称之为“校花”。

1939年，将满18岁的霍懋征以优异的成绩从中学毕业了。本来可以上一些更好的大学，但童年的种子在这时发芽开花了，她毫不犹豫地报考了北京师范大学数理系。当然，选择师范大学也有经济方面的考虑，此时，北京已经沦陷，霍懋征的父亲已离家去了重庆，只有母亲一个人撑着这个家，家里经济上非常困难，上师范大学可以节省很多费用，可以减轻母亲的负担。在大学里，霍懋征十分珍惜学习机会，取得了优异成绩。她说：“要当一名好教师，不仅要有丰富的学识，更要有高尚的情操，远大的理想。因此，我严格要求自己，刻苦努力地学习，老师和同学们夸奖我是品学兼优的好学生。因此，我多次获得奖学金。1943年的毕业典礼上，我身着学士服，头戴学士帽，心情异常激动。因为我选择了与母亲一样的教师岗位的愿望就要实现了。”[1]

3. 梦圆小学

大学毕业时，北师大决定让霍懋征留校工作。留校工作应该是多少人梦寐以求的职位，但这不是霍懋征心中的最佳选择。她早就对自己的未来做出了抉择，那就是要到小学去，做一名小学教师。有人曾经问霍懋征为什么大学毕业非要到小学工作？她说，“主要原因是我爱孩子”[2]。此前她曾到小学做过短暂的实习工作，让她认识到了小学教育的重要性，“小学教育是启蒙教育，是一个人一生中最重要的教育。万丈高楼平地起，基础打好了，才能盖起高楼大厦。我愿做打基础的工作。当小学教师是我无悔的选择，也是我的职业理想”[3]。在那个“家有三斗粮，不做孩子王”、小学教师地位非常低微的时代，霍懋征决意要做一名小学教师，是多么的不容易呀！

经过再三请求，梦想成真，1943年夏霍懋征终于来到了国立北京师范大学第二附属小

[1] 霍懋征. 我一生的追求[J]. 教育家，2003（6）：21.

[2] 霍懋征. 光荣、艰巨、幸福[J]. 民主，2004（9）：26.

[3] 赵萱，曾曙春. 把爱献给教育的人——霍懋征[M]. 北京：人民教育出版社，2011：5.

学（现名北京第二实验小学，为了叙述方便，后面统称实验二小）工作。这在当时，高等学历者从事小学教育工作可谓凤毛麟角。这个抉择，拉开了霍懋征从事60多年的小学教师工作华章的序幕，为其辉煌的教师人生奠定了坚实的基础。

4. 初战迷惘

霍懋征进入实验二小后，一开始她担任五、六年级的数学及常识、手工等课程的教学，由于没有多少实践经验，工作并非一帆风顺，遇到了许多困惑。那时候缺乏集体教研，甚至教师间壁垒森严，有经验的教师不愿意给年轻教师提供帮助。“那时不要说怎样让孩子们爱听、爱学，就连如何组织教学，让学生能安静地听讲，我都办不到”[1]。实验二小每周六组织班级表演活动，有一次轮到了霍懋征班级表演，她多次请教老教师，但没人告诉她如何去组织，导致她的班没法上台表演，她也因此被校长公开批评。理想与现实的距离还是很遥远！

5. 迎头赶上

上学时就一直非常优秀的霍懋征，做了教师后可不想落后。她明白，要想做名好教师，“就要在‘勤’字上下功夫。要做到勤学，勤想，勤做，勤总结，勤分析，勤改进，勤能补拙”[2]。老教师不愿意教，她就“偷师学艺”，她说，“平时，我细心观察，从同年级组老师们的言谈话语中琢磨体会。有时我抱着作业本，偷偷地蹲到其他班的窗下，一边批改作业一边听老师在教室里如何讲课，如何组织学生的活动。”[3]同时，霍懋征一直得到其丈夫赵树楷先生的支持和帮助，赵树楷从北京大学数学系毕业后主要在北京市私立大中中学从事数学教学工作，因教学水平突出，几何教学更是名声在外，被誉为京城有名的“三角赵”，与霍懋征一起于1956年被评为北京市首批特级教师。到1943年底，他们已经有了3个子女，白天忙于工作，空闲时间还要抽出部分时间管教孩子，霍懋征只好经常熬夜请教赵树楷，一起探讨教育教学问题。经过刻苦努力，勤奋钻研，霍懋征在教育教学工作上站住了脚跟，并“常常受到家长、老师们的表扬”[4]。

---

[1] 霍懋征. 我一生的追求［J］. 教育家，2003（6）：21-22.

[2] 赵萱，张小武. 霍懋征传［M］. 北京：中国大百科全书出版社，2012：25.

[3] 霍懋征. 我一生的追求［J］. 教育家，2003（6）：21-22.

[4] 霍懋征. 我一生的追求［J］. 教育家，2003（6）：22.

6. 全科教师

1945年抗日战争胜利后，随着霍懋征专业水平的发展，她的工作也有了新的变化，学校给了她更重的担子，安排其担任一年级一个班的班主任，并负责语文和数学两门课程的教学工作[1]。大学期间虽然是在数理系学习，其对数学、物理等科目下了很大功夫，但对国文等科目也很感兴趣，这为其顺利成长为全科型教师提供了便利条件。这种语文、数学兼教的全科教师历练，也为其日后的教育教学工作打下了良好基础。

二、中华人民共和国成立后到1978年（1949—1978）

在这近30年里，国家经历了大起大落，霍懋征的教育人生也有起伏。20世纪50年代是霍懋征专业发展的重要时期，经过艰苦的学习和磨炼，无论是思想政治方面，还是专业思想和能力方面，都有了长足发展，在这个时期她逐渐形成了自己的教育教学风格和特色，享誉基础教育界。“文化大革命”开始后，霍懋征被频繁批斗，专业发展受到了很大的限制，甚至被调离了实验二小，进入了西城区丁字胡同小学工作，但再困难，霍懋征也没有放弃自己心爱的教育事业，仍然兢兢业业工作，争分夺秒，起早贪黑，不断追求，改进教育教学，得到了学校领导和同事们的肯定和学生的爱戴。

1. 学制实验

中华人民共和国成立后，学校教育进行了多方面的改造，原有的四、二分段的六年小学制已经不适应需要，国家拟实施五年一贯制的小学，以便于年轻一代接受完整的小学教育。1950年秋，霍懋征被实验二小委以重任，负责实验二小一个“五年一贯制”实验班的班主任兼语文课的工作。

为了提高教学水平，霍懋征和参与实验的老师们一起积极学习苏联凯洛夫等人的《教育学》等著作，采用了苏联的五分制记分法，改进了凯洛夫的五个环节教学法（预习—导入—上课—练习—复习），提出了“更符合教学实际的‘备课—组织教学—检查复习—教授新课—巩固新课—布置作业—检查、批改’七段教学法”[2]。参与实验的老师们还经常一起观摩课堂教学、讨论交流，大家都有了很大的长进。同时，霍懋征和实验二小的实验老

[1] 赵萱，张小武. 霍懋征传［M］. 北京：中国大百科全书出版社，2012：27.
[2] 赵萱，张小武. 霍懋征传［M］. 北京：中国大百科全书出版社，2012：35.

师们把语文的注音字母教学调整为结合汉字进行拼音教学，这加快了学习速度，提高了学习效果。霍懋征还对语言的直观教学进行了探索和实践，并受到了教育部的重视。总之，经过一年的实验，取得了很好的效果。

2. 借调教育部编写教材

为了把学制改革的经验推向全国，1951年10月中央人民政府政务院颁布了中华人民共和国的第一个重要的学制改革文件——《关于学制改革的决定》，在全国实施小学五年一贯制。新的学制改革需要有与之配套的课程教学大纲和相应的教材，为此，教育部抽调一批专家和一线优秀教师参加大纲和教材编写工作。霍懋征由于实验探索工作突出，也很幸运地被借调到教育部参加了小学语文教学大纲和教材编写工作。

在大纲和教材编写工作的3年时间里，霍懋征接触了很多优秀的专家和一线教师，收获颇丰。叶圣陶先生就是其中一位令其仰慕的大家，虽然得到叶圣陶直接指点的机会很少，但能近距离聆听他的报告，并在他的领导下参与编写小学语文教材，霍懋征感觉到了莫大的鼓舞。霍懋征曾经陆续读过叶圣陶的《稻草人》和《倪焕之》等作品，教育思想和教学方法也深受叶圣陶的影响。叶圣陶非常看重他曾经担任的“小学教师”这个工作，他虽然有很多头衔，但在一次某大学聘请其担任教授期间，他在自己的经历里只写了“小学教师”一职。霍懋征在与这些有学识、高品格的同事们的工作、交流中受到了潜移默化的影响，不知不觉中又有了很大的发展。

3. 重回实验二小

虽然在教材编写期间受益匪浅，但霍懋征心里始终装着自己的学生。她认为自己的特长是教书育人，而且实验二小的领导也希望她回去[1]。经申请和领导批准后，她于1954年秋天重新回到了实验二小工作。

学校非常重视霍懋征的新工作，让她从一年级开始开展了“包班”形式的探索，她“不但承担了语文、数学教学和班主任，还担负着教研组长工作[2]”。开学后，她争分夺秒，用了半个多月的时间，就做完了46名学生的家访工作，对每名学生都有了一个基本的了解。霍懋征的教育教学越来越丰富，她从方方面面入手，帮助学生成长，从帮助学生养

[1] 赵萱，张小武．霍懋征传［M］．北京：中国大百科全书出版社，2012：43.

[2] 霍懋征．我一生的追求［J］．教育家，2003（6）：22.

成好习惯开始，一点一滴地去培养学生。经过努力取得了一个又一个成绩。霍懋征所带的班级连续4年获得了北京市级“优秀班集体”称号。霍懋征也获得了许多个人荣誉，多次获得“北京市先进工作者”“北京市三八红旗手”“北京市劳动模范”“北京市教育工作者一等奖”等。1956年，北京市在全国开了先河，进行了首次特级教师的评选，年仅35岁的霍懋征获得了特级教师称号。周恩来总理在接见她时亲切地誉其为“国宝”。霍懋征的事迹和教育教学经验被广泛报道，在全国享有盛誉。

霍懋征完成一轮带班和教育教学工作后，能力更加突出了，因此学校就给了她更重的任务，让她承担“接班”工作，哪个班级乱、问题多，就让她接手哪个班级。就像神奇的魔术一样，克服重重困难后，她总是能够把这些班级带到正轨上，真是具有高超的教育艺术啊！

霍懋征之所以取得这些成绩，这源于她“把所有的时间和精力都放在了反复钻研业务、教学实践以及培养教育学生身上[1]”。天道酬勤，从来就没有无缘无故的业绩和荣誉。

4. 霍派教学法

重回实验二小后，她的数学教学在原有的经验基础上，有了突飞猛进，“她的数学教学深入浅出，形象直观，探究规律举一反三，学生学习积极性极高”[2]，教学效果非常好，同学们在测验时几乎都能得满分。经常有很多老师济济一堂来听她的数学课，老师们觉得听霍懋征的课“简直就是一种艺术享受”[3]。

霍懋征在语文教学改革方面进行了深入的探索，取得了更大的成绩。传统的语文教学非常僵化，以学生读和背为主，教师基本不讲解，导致学生学习兴趣不高。霍懋征“经过不断的探索与改革，逐渐形成了一套有效的、以讲为主、以读为辅的‘讲读法’语文教学法。这一方法充分地调动了学生学习的积极性，受到了学生的欢迎。[4]”这样，霍懋征逐步“形成了自己独特的教学风格，被誉为‘霍派教学法’[5]”。需要注意的是，到了“文化大革命”结束后，为了适应新的教学需要，“讲读法”逐渐转变成了以读为主、以讲为辅的“读讲法”。

[1] 霍懋征．我一生的追求［J］．教育家，2003（6）：22.

[2][3] 赵萱，张小武．霍懋征传［M］．北京：中国大百科全书出版社，2012：87.

[4] 霍懋征．我一生的追求［J］．教育家，2003（6）：22.

[5] 赵萱，张小武．霍懋征传［M］．北京：中国大百科全书出版社，2012：88.

5. 命运多舛

1966年后，其夫赵树楷被批斗，随后霍懋征也受到了频繁的批斗，继而蹲牛棚。令人意想不到的是，噩耗传来，1969年3月，最小的13岁的儿子被伤害致死，15岁的小女儿在一旁因过度惊吓，精神受到了刺激。即使这样，霍懋征仍在思考教育问题，为什么一些年轻人容易受人蛊惑，不辨是非，做出一些伤天害理之事？教育的问题在哪里？这是促使其后来舍弃心爱的数学而专心只教语文的一个重要原因。“在这漫长的苦难时光中，我在精神上和肉体上虽然受到了种种折磨，但我始终没有动摇做一名优秀小学教师的信心。我坚信，总有一天我会重返教学岗位。”[1]

6. 调离实验二小

在被关押了一年零九个月后，霍懋征被从“牛棚”中放了出来。她想回到实验二小工作，但不久后就被实验二小的造反派以各种理由刁难她，认为她之所以有名，是因为在实验二小这样的好学校，造反派把霍懋征排挤出了实验二小，让她到一个普通学校做老师。1970年初，霍懋征来到了西城区丁字胡同小学。由于还处在社会动荡时期，打砸抢仍很猖獗，社会和学校都还很乱。霍懋征小心翼翼地专心做好自己的本职工作，即使这样，到1973年时，开始了反“复辟回潮”运动，她再次遭到批判，“被批为‘复辟’急先锋，成了‘臭老九’”[2]。反“复辟回潮”运动结束后，霍懋征再次抖擞精神投入到了日常教育教学中。时任校长刘芳英听了她的课后，感慨颇多，“如果能当霍懋征的学生，那该有多幸福！”[3]霍懋征讲课注意引导学生融会贯通、举一反三，从不占用学生休息时间，当堂课当堂消化吸收，很少布置作业，学生学习兴趣高昂，学习效果非常好。这背后蕴藏着的秘密，就是霍懋征每次上课前都要认真备课，不管这个课已经讲了多少遍，课前都要认真琢磨，不断研究新的教学方法，每次的备课、上课都有不一样收获，从而能带给学生最好的教育。

---

[1] 霍懋征. 我一生的追求［J］. 教育家，2003（6）：22.

[2] 赵萱，张小武. 霍懋征传［M］. 北京：中国大百科全书出版社，2012：107.

[3] 赵萱，张小武. 霍懋征传［M］. 北京：中国大百科全书出版社，2012：109.

三、退休前的八年奋战（1978—1985）

1978年4月到1985年10月退休期间，从二回实验二小开始，虽然只有短暂的不到8年的工作时间，但霍懋征老师在她一线工作的这最后8年非常令人感动，她是在60岁左右高龄的时期，开展了非常艰巨的教改实验，付出是难以想象的：她和她的同事们不断地探索，反复地备课、磨课，精选大量补充课文，经常加班、熬夜，牺牲数不尽的休息时间，有时连饭顾不上吃。甚至在1980年，由于长期过度劳累，她被查出患有严重心脏病，需要长期休养，但她坚决不休，依然坚守课堂。有付出必有收获，这换来了一个又一个辉煌的成绩，引起了非常大的反响，教育人生又达到了一个新的顶峰。全国慕名而来观摩的老师络绎不绝，到各地讲学的邀请也是应接不暇。

1. 二回实验二小

1978年4月，年近57岁的霍懋征奉命再次调回了实验二小。组织上安排她做校长，但她坚决推辞，坚持自己喜欢做一线教师，想开展教改实验，最后上级任命她做了副校长。

虽已年近花甲之年，但霍懋征心里想的是“要加倍努力工作，夺回十年浩劫失去的时间[1]”。由于承担了副校长工作，上课时间有限，只能放弃了她心爱的数学教学，接手了三年级一个班级的语文教学工作。之所以只教语文，还有一个重要原因就是她反复思考此前社会所反映出的教育问题，青年一代很多人丧失了人性，没有真正明白做人做事的道理，是由于学校的育人效果不好，而语文教育对人性涵养最重要，要承担起以育人为本的职责，而不是单纯地教识字读书。同时，这时候语文教学水平极低，一份调查测试显示，学生平均成绩只有30分，可以说，当时语文教育存在着严重的“少、慢、差、费”的现象，急需改革。霍懋征由此开始了语文教育教学重新起飞，再创辉煌的7年改革之路。

2. 语文教改再创辉煌

语文要育人的大方向定了后，霍懋征就对语文教学进行了大刀阔斧的改革。接下来要考虑的是，语文要育人的改革抓手是什么呢？经过研究，霍懋征认为阅读是一个突破口。她在原来“讲读法”的基础上，查找不足，再对比一些发达国家的语文教学改革，发现国外阅读量比我们大很多，阅读对学生的发展有很重要的基础作用，阅读“不仅可以丰富知

[1] 霍懋征. 我一生的追求［J］. 教育家，2003（6）：22.

识，增长智慧，熏陶情感，激发兴趣，提高阅读能力，而且可以培养良好的学习习惯”[1]。原来的“讲读法”逐渐转变为了“读讲法”，教师少讲精讲，学生多读多思，培养听说读写的能力。因此，围绕着育人的宗旨，以阅读为抓手，霍懋征提出了“速度要快，数量要多，质量要高，负担要轻”16个字的小学语文教学改革方针，“从教材到教法全面进行改革，把着眼点放在开发学生潜能，使学生不仅学会更要会学的基点上”[2]，并确定了几个基本策略，即“精讲、多练、合理地组织课文”[3]。精讲和多练比较容易理解，精讲主要是“讲本质、规律性的东西，讲学生不懂的地方”[4]，讲的过程中注意启发学生思考、激发学生学习兴趣，并注意文道统一，贯穿育人（例如，《落花生》一课，引导学生学做“花生”这样的人），尤其注意“贯穿爱的教育，用爱来激励学生，启迪学生，最终将教书和育人统一起来”[5]；多练就是练“听说读写”的能力；合理的组织课文含义需要明确，按着霍懋征老师的做法就是“把联系紧密或有相同之处的教材组织成一组文章集中教学。有的精讲，有的让学生自读。辅导学生学会阅读同类文章，从而达到提高教学效率的目的”[6]（一组文章集中教学应该是后来在语文教育界流行的主题教学的原型和萌芽）。例如，把《沙漠之舟》《找骆驼》《蜜蜂引路》组成一组文章，用两节课就能学完，还练习了造句，写了小作文，时间并不紧张[7]。当时参与实验的三年级实验班第一学期课文只有26篇，霍懋征老师给扩展到了95篇（补充了26篇体裁多样的课文，以及古诗、新诗43首），这大大增加了学生的阅读量，提高了阅读能力。虽然学习量大大增加，但学生每天课后的作业不超过30分钟，课堂上的讲、练都能当堂消化。按照这个策略，这个实验班五年级毕业升学统考时，语文试卷成绩让人惊叹！“语文成绩平均97.5分，46名学生的作文，有44名被评为一类文，另外两名学生被评为二类文，卷面干净整洁，没有一个错别字，虽然是五年制班，但成绩比六年制班高出一大截，在北京市也名列前茅”[8]。

3. 提升和传播“爱的教育”思想

进入20世纪80年代，霍懋征的教育思想日趋成熟，她一生的教育思想可以概括为“爱的教育”。爱每一个孩子是她一生的追求，她的座右铭就是“没有爱就没有教育”，她说，

---

[1] 赵萱，张小武. 霍懋征传［M］. 北京：中国大百科全书出版社，2012：109.

[2][3][6] 霍懋征. 我一生的追求［J］. 教育家，2003（6）：22.

[4] 霍懋征. 小学语文教学改革上的一点探讨［J］. 人民教育，1979（07）：49.

[5] 赵萱，张小武. 霍懋征传［M］. 北京：中国大百科全书出版社，2012：154-155.

[7] 霍懋征. 小学语文教学改革上的一点探讨［J］. 人民教育，1979（07）：50-51.

[8] 赵萱，张小武. 霍懋征传［M］. 北京：中国大百科全书出版社，2012：127.

“要爱你的学生，尽管他调皮捣蛋，你要因材施教”[1]。按照实验二小老领导储连山书记的说法，霍懋征老师的教育特色（爱的教育），可以用8个字来概括，这就是“激励、赏识、参与、期待”。据此，霍懋征老师把其细化为：激励每一个学生上进；赏识每一个学生的才华；创造条件让每一个学生参与教育教学活动；期待着每一个学生获得成功。霍懋征进一步总结自己60年教育生涯，认为自己做到了4个“从没有”：从没有生学生的气；从没有惩罚过学生；从没有向家长告学生的状；从没有放弃过一个学生。霍老师相信每一个学生的潜力，相信“没有教不好的学生”，在爱学生基础上，用兴趣引导学生，所谓“没有兴趣就没有教育”，让学生爱学习、会学习，养成良好的学习习惯，学生终身受用。同时，霍懋征老师认为育人最重要、最有效的方法就是要有“四心”：爱心、耐心、信心、细心，后来她又补充了责任心。在20世纪80年代以来，霍懋征进一步梳理反思自己的教育实践，还向学生提出了10个学会的要求：学会做人、学会自律、学会学习、学会思考、学会创造、学会审美、学会乐群、学会健身、学会生活、学会劳动。这实际上都是后来我国倡导的素质教育的根本要求，要面向每一个学生，让每一个学生全面发展、主动发展，这是教育的基本规律和要求，需要每一位教育工作者谙熟于心。

鉴于霍懋征老师丰富的教育经验和不懈的教育探索，她的一系列教育教学成果水到渠成、应运而生。1980年，霍懋征在人民教育出版社出版了著作《班主任工作札记》，还拍摄了她的《月光曲》等教学电影。《月光曲》电影被中央电视台等争相播放，甚至还传到了美国，深受欢迎。又于1983年由人民教育出版社出版了《霍懋征语文教学经验选编》，1985年《小学语文教学经验谈》由上海教育出版社出版（1988年再版时改名为《霍懋征语文教学经验谈》）。她经常利用休息时间应邀到各地讲学，传经送宝，并迎接了一批又一批慕名而来的访问观摩团队，为了接纳更多的外地观摩团体，她的课要经常搬到学校大礼堂进行。总之，在各类观摩、讲学、出版活动的推动下，霍懋征的教育教学思想得到更加广泛的传播，产生了更加深远的影响。

四、退而不休（1985—2010）

1985年10月，霍懋征老师正式从实验二小光荣退休。但她退而不休，自得其乐。岗位虽然退休了，但忙碌了一辈子的霍懋征，怎么能割舍得了对教育和学生那份真挚情怀！这

[1] 霍懋征. 光荣、艰巨、幸福[J]. 民主，2004（9）：27.

一直激励着她继续追求自己精彩的教育人生，她一心牵挂着教育，仍然为教育殚精竭虑，即使身患癌症等重疾，仍然阻挡不了她对教育的痴心和热情，直到1998年，才正式离开了心爱的教学一线。霍懋征非常关注农村教育、西部教育问题，在20世纪80年代末，偶然的机会她看到北京市朝阳区农村学校老君堂小学办学条件非常不好，她就决定和老伴赵树楷一起千方百计筹资300多万元帮助老君堂小学办学；她义务为西部教育农村教育送教上门、传经送宝，不但分文不收讲课费，甚至还要经常自己解决食宿，快80岁时，做报告还能一讲就要讲3个小时，好像浑身有用不完的劲儿，这都源于她对基础教育的热爱，她认为基础教育是国家发展的基础，再苦再累，都值得付出，因此她经常说，“我热爱着这个事业，并决心为之奋斗到最后一息”[1]。作为全国政协常委，她围绕教育问题精心准备一系列提案，包括设立教师节、制定教育法和教师法、编写小学生字典等，还有南水北调等方面的民生提案。此外，霍懋征老师还做了大量的关于其本人的教育思想的研究、青年教师培养等方面卓有成效的工作。

霍懋征老师的爱心就像阳光，无所不在，她不仅爱学生、爱家人、爱他人，她还非常喜欢小动物，不但自己晚年养了一些小动物，还应邀担任首都爱护动物协会顾问。她一生艰苦朴素，住小房子，省吃俭用，退休金只有3000多元，但仍要为来求教的客人提供食宿……霍老师有太多太多值得赞美的行为，有许多的传奇故事，作为小学语文教育界的泰斗，她有着高贵的品质，但又不高高在上，朴实无华，无疑也是一位普普通通的小学教师。

霍懋征总是自豪地说，“我爱我的学生，学生们也爱我”“感到自己是世界上最幸福的人”。2010年2月11日，霍懋征老师正是伴着爱和幸福永远离开了我们，斯人已逝，精神长存！

第二节　霍懋征发展中的“重要他人”

霍懋征成长为著名儿童教育家，她的成长既离不开她自己的努力和奋斗，也离不开周边人和环境给她的影响，是内外力交互影响、合力促成的结果。正如常言所道，一个人可以走得很快，但只有一个集体才可以走得很远。可以说，集体中、合作中的“重要他人”

[1] 赵萱，张小武. 霍懋征传［M］. 北京：中国大百科全书出版社，2012：213.

对一个人的成长非常重要，这里的“重要他人”虽然是借助心理学中术语，但在这里不仅指实体的个人，也包含人的整体的社会环境。因此，下面主要从母亲、丈夫、领导和专家四个方面阐述“重要他人”对霍懋征成长的影响。

一、母亲的影响——梦想启程

正是由于在母亲的耳濡目染、潜移默化地影响下，霍懋征从小就树立了要做一名像母亲那样受学生爱戴的老师的职业理想。为了这个梦想，她一直在努力，并毅然决然地选报了北京师范大学，顺利进入大学后，她刻苦学习，以优异的成绩毕业，并放弃了留校任教的机会，而是遵从儿时的梦想，经过再三申请，终于进入了北京实验二小，圆了做一名小学教师的梦想，从此开启了一生的小学教育事业的征程。

二、丈夫的影响——良师益友

一个成功者的背后，必有一个大力支持的另一半。霍懋征的成长也离不开其背后大力支持她的丈夫。霍懋征的丈夫赵树楷先生也是数学出身，中学数学名师，比霍懋征年长8岁，教学经验更加丰富，因此给了她非常便利的帮助和指导，他们夫妇经常讨论教学到很晚，尤其在她教学之初，面临困难时，都是在其丈夫的大力支持下克服困难、不断成长的。他们夫妇二人恩爱有加，家庭和睦，而且其夫还主动承担起了很多家务工作，经常做好晚饭等着她回家吃饭，这样霍懋征才有时间加班加点多为学生们服务，可谓是为她的成长做好了保驾护航工作，是她的良师益友。

三、领导的影响——锦上添花

在每个重要的发展阶段，霍懋征都得到了领导的帮助和支持。入小学工作，得到了领导的成全；新中国成立前，站稳脚跟后，学校给其压担子，开始承担语文、数学两科的教学，成长为全科教师；新中国成立后初期，开展的教学实验，取得了成功，并创建了“霍派教学法”，学校书记储连山还帮助其总结其教育特色，认为可以用“激励、赏识、参与、期待”八字予以概括，这些也都离不开学校领导的支持；改革开放后，二回实验二小，领导同意其不做校长的申请，并支持她在语文教学方面进行实验实践和探索，语文教改取得了新的辉煌，“爱的教育”思想更加丰富完善，得到了广泛的传播，有了更加深远的影响，这也离不开各级领导的支持。在整个教育生涯，还得到了国家领导人的大力支持和赞许，周恩来称其为“国宝”教师，胡锦涛给予高度评价，温家宝登门看望并为之题字。总而言之，领导们的支持，使霍懋征更有信心、更有责任、更加光荣，取得了更大成绩，可谓为其发展做到了锦上添花，使其更加熠熠生辉。

四、专家的影响——思想启迪

霍懋征在成长中，很多专家、学者对其有着重要影响，有的是其学习的榜样，有的给予了无私的帮助和支持。叶圣陶的文学作品和教育思想都对霍懋征有很深的影响，她在心目中把叶圣陶作为自己工作的榜样。在新中国成立之初，霍懋征在叶圣陶领导下开展教材和大纲修订工作时，她感觉自己能跟仰慕已久的“大家”一起工作，非常幸运，受到莫大的鼓舞，工作更加努力了。后来霍懋征有很多机会跟叶圣陶先生请教，例如，在1981年拍摄教学电影《月光曲》时，她专门登门拜访叶圣陶，请教拍摄事宜，并根据叶圣陶的思想“教之为教，不在全盘授予，而在相机诱导”对教案进行了详细修改，突出了启发教学的要求。霍懋征在1953加入了中国民主促进会（1961年加入中国共产党），也与马叙伦、冰心、叶圣陶、雷洁琼等一批资深民进成员、领导的影响密不可分，这些“大家”深深地吸引了她，并积极加入了中国民主促进会这个大家庭。著名教育家方明是陶行知先生的学生，霍懋征为了提升和完善自己的思想体系，也经常和方明交流经验，方明的“育人先育德、育德先爱人”“爱是教育的前提，爱是教育的动力，爱是教育的根本”的思想，对霍懋征的“爱的教育”思想体系深有启发。著名教育家陶西平也对霍懋征的思想称赞有加，他说，其实素质教育早已有之，霍懋征老师一直在实践素质教育，培养了大量高素质人才，这给了霍懋征很大的肯定和鼓励。苏联的凯洛夫教育学思想对霍懋征影响至深，凯洛夫的五环节教学法给予其启示，她在此基础上提出了自己的七环节教学。应该说，霍懋征的成长中遇到过、学习过很多专家、学者，这些“大家”对霍懋征的成长有的起了潜移默化的作用，有的直接予以指导，让其受到鼓舞，启迪了她的思想，很好地激励了霍懋征的成长。

需要指出的是，如前所述，霍懋征的成长除了受外在因素的影响外，更主要的决定因素是其自身的刻苦努力、积极实践和持续探索。概括而言，则是通过学习为成长插上腾飞的翅膀，通过实践找到了施展才华的沃土，通过反思为经验升华提供阶梯，通过创作推进思想的分享（这些个人自身的特点，将在本章第三部分予以概括和分析）。同时，人的成长也离不开社会发展变迁的影响，社会为个人专业发展提供广阔的舞台，霍懋征在新中国成立后的快速发展，尤其改革开放后开启的新的实验与探索，都是一个稳定、开放的社会发展所提供的重要支撑。

第三节　霍懋征教育生涯评价

霍懋征老师作为当代著名教育家，她所具备的专业素养非常值得学习和借鉴。在60余年的教育生涯发展过程中，霍懋征深受其作为中学教师的母亲的勤劳、善良、乐于助人、为人师表的精神的影响，她也因此具有了这些优秀品质，基于这些优秀品质，她又在学习和工作中，跟老师、专家、领导持续不断地学习、交流，努力提升自己的综合素养，始终践行"爱的教育"，"没有爱就没有教育，没有兴趣就没有教育"一直是其教育的座右铭，在小学数学教育教学，尤其小学语文教育教学改革和班集体建设方面取得了令人瞩目的辉煌成绩，在不断探索和超越中逐渐成长为卓越的小学教育大家，在教育界产生了广泛而深远的影响，为此，教育部曾专门颁发号召全体教师向霍懋征学习的通知。霍懋征作为教师楷模，之于教育始终秉承着勤劳、奉献、挚爱、忠诚的精神，她之于国家、社会和人民的是永恒的无限信仰和家国情怀、教育情怀，她所取得的成就无不令人赞美、景仰。可以说，她的一生真正做到了"鞠躬尽瘁、死而后已"，正如她自己所言，她非常热爱教育事业，"并决心为之奋斗到最后一息"[1]。概括而言，她坚定的教育信念、高尚的教育品格、优秀的教育素养、深邃的教育思想和幸福的教育人生等五个方面的专业素养具有独特性、丰富性和深刻性，是留给后辈教师们学习和借鉴的宝贵精神财富。

一、坚定的教育信念

没有信念，难以坚持；没有信念，难以求索；没有信念，容易放弃；没有信念，容易后悔。霍懋征恰恰是信念坚定的人，可以说，霍懋征的坚定教育信念，在其对教育的坚持和求索中升华，在其对教育的无怨无悔、永不放弃中闪耀，这是其从教60多年的坚实根基。

[1] 赵萱，张小武．霍懋征传[M]．北京：中国大百科全书出版社，2012：213.

（一）矢志不渝，终身从教

1. 矢志不渝，情定小教

正如美国前总统威尔逊所言，“人因为梦想而伟大，所有的成功者都是大梦想家”，霍懋征恰恰如此。她从童年时期就深受其做中学教师的母亲的深刻影响，一直怀揣着做一位像其母亲那样优秀教师的远大梦想，霍懋征曾多次提到，“在成长过程中我感受极深的，是母亲的爱生之情，母亲不仅努力教好每一个学生，还无微不至地关怀那些生活穷困的学生。学生们来家里看望母亲时，他们那种良师益友的深情厚谊感染着我，使我萌发出长大也要做像妈妈那样的好老师的念头”[1]，为此，她在高中毕业时放弃了报考更好大学的机会，毅然决然地选报了当时的北平师范大学。“明确的教育志向，使霍懋征在北师大的学习更有目的性、方向性”[2]，因此，进入师范大学后，她依然奋发图强、刻苦努力，不断磨炼自己将来做教师的本领，取得了优异的学习成绩。大学毕业时，她笃定自己的选择，坚决放弃了留校任教的机会，经过一再申请，最终如愿以偿进入了北平师范大学的第二附属实验小学做起了一名小学教师，终于实现了自己的童年夙愿，这也引起了一定的轰动，毕竟在当时一个名牌大学本科毕业生甘愿做小学教师者少之又少。有人曾经问霍懋征为什么大学毕业非要到小学工作？她说，“主要原因是我爱孩子”[3]“小学教育是启蒙教育，是一个人一生中最重要的教育。万丈高楼平地起，基础打好了，才能盖起高楼大厦。我愿做打基础的工作。当小学教师是我无悔的选择，也是我的职业理想。”[4]从此，她所迈出的这坚定从事小学教育的步伐，奠定了她辉煌教育人生的重要基础。

2. 初心不改，终身从教

在霍懋征几十年的小学从教生涯中，既有许多挫折也有许多机遇，但她始终不改初心。当从教之初教学不顺利时，当“文化大革命”时期受到批判否定时，当一子罹难之时，当身体遭受疾病痛苦折磨时，她从没有灰心气馁，做到了永不言弃，愈挫愈坚，按照自己既定的人生追求，坚定不移地迈出一个又一个坚实的步伐，跨过了一个又一个沟沟坎坎，始终奋斗在自己的教学岗位上。她也有多次工作调动、升迁机会，但每次她都舍不得

[1] 霍懋征. 我一生的追求［J］. 教育家，2003（6）：21.
[2] 杨婷. 教育家霍懋征个体成长史研究［D］. 天津：天津师范大学，2018：22.
[3] 霍懋征. 光荣、艰巨、幸福［J］. 民主，2004（9）：26.
[4] 赵萱，曾曙春. 把爱献给教育的人——霍懋征［M］. 北京：人民教育出版社，2011：5.

心爱的小学一线教育工作，要么坚持回到小学工作，要么放弃专职从政做学校领导职务的机会，始终初心不改，始终以育人为本，始终以奋斗在教学一线为追求和光荣。即使从工作岗位上正式退休了，也离岗不离教，心心念念的仍是教育，继续发挥着余热，仍然克服各种重大疾病和困难，为到各地讲学传播教育思想、培养年轻教师、完善自己的教育思想体系等方面不遗余力地奔波操劳，深受社会好评。

（二）孜孜不倦，上下求索

1. 废寝忘食，孜孜不倦

在霍懋征一生的教育工作中，可以说她的字典里找不到“休息”两个字，她经常要辅导学生到很晚、备课研讨到深夜，即使非常熟悉，不论讲过多少遍的课，每次上课前都要重新备课、认真研究，她甚至没有休息日，经常要牺牲周末休息时间加班加点自己或者与团队同事们一起学习、思考，偶尔有个周末，还要抽出时间到各地讲学交流，甚至有时大年初一就赶在讲学的路上。可以说，她十分珍惜时间，几乎把所有的时间都用到了工作之中，做到了争分夺秒，殚精竭虑，无怨无悔。

2. 上下求索，勇往直前

霍懋征的一生就是不断求索学习的一生，不断攀登上进的一生。她从不自满，求知若渴，广泛涉猎，大学期间不仅学习数理，还关注语文；工作后不仅教自己大学主攻的数学，还兼教语文，边学习边提高，很快成长为优秀的全科教师。新中国成立后，又深入学习苏联的教育学、心理学等知识，还深受叶圣陶、方明等专家的重要影响，并很快取得了优异成绩，在年仅35岁时成长为北京市首批特级教师。即使在其57岁高龄二回实验二小后，仍然学习不辍、勇于尝试、开拓创新、积极开展了全新的语文教学实验，并再次取得了学生学业成绩优秀、教育教学水平更加炉火纯青、教育事业更加辉煌的成绩。总之，霍懋征一生的写照，正可谓“路漫漫其修远兮，吾将上下而求索”“求仁得仁”。

二、高尚的教育品格

霍懋征作为名师典范，她具有高尚的教育品格：只讲奉献，不讲索取；只讲实干，不讲名利，这也是其综合素养的集中体现，这是其从教60多年的人格之灵魂。

（一）无私奉献，淡泊名利

1. 无私奉献，爱满天下

霍懋征从小就养成了甘于奉献、富有爱心的优秀品质，当时她看到父母辛苦工作无暇照顾家庭，她一有时间就帮助家里劳动，主动承担一些洗衣做饭、照看弟妹等家务劳动。走向教师工作岗位后，霍懋征更是不计个人得失，全心全意地为学生、为教学服务和奉献。需要注意的是霍懋征的大爱不仅是对于学生而言，而是扩展到了所有的人，包括她以德报怨宽恕了杀死其小儿子的凶手，甚至扩展到了小动物，做到了“大爱无疆”。例如，她的爱心无处不在，不仅无怨无悔的供养着三位老人——有年老的无家无靠的保姆刘奶奶、有自己妹妹的婆婆和自己的婆婆，还经常将父母不在身边的学生带回家予以照顾，而且还时刻关注和尽力帮助年轻教师的成长、西部教育的发展和农村教育的建设，筹资新建北京朝阳区农村学校老君堂小学教学楼，在自己退休金只有3000多元的条件下仍慷慨解囊为远道而来求教的年轻教师提供食宿等，她的无私奉献事迹数不胜数。可以说，她“始终保留着对教育的那份朴素的生命情怀，把‘爱’作为一种神圣的教育信仰，给予他人温暖的心灵关怀”[1]，她的爱心一次一次地感染着、感动着大家，真正做到了陶行知先生所倡导的“爱满天下”。

2. 淡泊名利，义务讲学

虽然霍懋征一生获得了无数赞美和荣誉，但她自己从来不争名夺利，从来不计较个人得失，从来都是任劳任怨，从来都是勇挑重担，她一心一意扑到教育教学工作上，甚至还为此坚决放弃各种更好的工作和升迁机会，可谓“名利于我如浮云”。她还不辞辛苦经常远赴新疆、甘肃等西部教育落后地区传经送宝，她乐此不疲，心里只装着如何把自己的宝贵经验、教育智慧毫无保留地奉献给大家，尽力尽快帮助落后地区提高教育教学水平。放眼全国，“无法统计有多少教育旅程的困惑者因为霍老师的点拨而豁然开朗，亦无法统计有多少艰难跋涉者因她的示范身教而汲取了前行的动力……”[2]。在送教上门的过程中，她不愿意给当地接待单位增加负担，不收分文讲课费，即使邀请单位千方百计把讲课费转交给她，她也都是再想方设法给转回去，在讲学时，有时还自掏腰包支付食宿费，可谓“仁至义尽”“高风亮节”。

---

[1] 蔺晓康.“大爱无疆”：霍懋征教育思想研究[D]. 锦州：渤海大学，2014：29.

[2] 朱永新. 我眼中的霍懋征老师[J]. 新教师，2013（7）：36.

（二）人格高尚，高山景行

1. 人格高尚，日月可鉴

霍懋征有许许多多的优秀品质。她虽有高深的学养，但仍不骄不躁，兢兢业业，谦虚好学，不断求索；她虽很早就取得了辉煌的成就，但从不故步自封，而是不断开拓进取，勇挑重担，追求卓越；她虽有无数的荣誉，但从不高高在上，而始终平易近人，团结同志，奖掖后学；她虽有很多次改善生活的机会，但对生活从无奢侈的要求，从不讲究排场，一向生活简朴，居室简陋；她虽曾经受过一些严重伤害，甚至一个儿子被牵连而罹难，因此造成终生遗憾，但她不计前嫌，豁达大度，甚至以德报怨。可以说，霍懋征的高尚人格，日月可鉴，天地可知，光照后世。

2. 高山景行，一代师表

霍懋征老师一生的言行举止、所作所为和取得的辉煌成就，表面上给人的感觉离普通教师很遥远，有“不能至”之高山景行之感，但何尝不能激起每位普通教师“心向往之”的激情呢！仔细分析，她作为一代师表，确实给每位教师发展做出了表率。天道酬勤，没有付出哪有收获？她的每个进步、每个选择、每个教育教学活动，都是靠扎扎实实、认认真真、刻苦努力、辛勤付出、勇于创新、一点一滴累积而成的，值得每位普通教师揣摩和学习，甚至也是可以一步一个脚印地去追逐她的足迹，只要付出了，就能在平凡、普通但伟大的教育道路上做最好的自己。

三、优秀的教育素养

霍懋征在教育教学中表现出很多优秀品质，可谓智勇双全，一方面是一而再、再而三地勇挑教学改革之重担，另一方面是积极遵循教育教学规律，发挥个人智慧进行创造性的教育教学，这是其从教60多年的教育教学之特色。

（一）改革创新，成绩斐然

1. 教改不辍，勇攀高峰

霍懋征的教育人生就是教育改革的人生，是一个从适应到超越的教育人生，是一个从不服输到一个屡战屡胜的教育人生，是一个从一个教育辉煌走向另一个教育辉煌的教育人生，她从不安于已有的教学现状，从不躺在功劳簿上睡大觉，而是根据实际需要，不断调整提升自身教育教学水平，在经历了从教之初的适应提高期并站稳脚跟后，她不断攀登高峰，潜下心来进行了一轮又一轮的教学改革探索和实验，包括1950年开始进行的学制实验、1954年的“包班”探索和由此形成的“霍派教学法（讲读法）”、1978年开始的全新的语文改革探索和由此形成的遵循“精讲、多练、合理地组织课文”原则的“读讲法”，所带班级学生成绩突出，能力全面，屡屡引起轰动和反响，成为教改的一面旗帜。

2. 兴趣引领，促进发展

霍懋征教学改革的根本目的始终是为了促进学生的发展。众所周知，学生的发展根本源泉和最大动力来自内因，兴趣是最好的老师。基于此，她坚持“没有兴趣就没有教育”“没有兴趣就没有学习”，无论是一篇带多篇的语文教学，还是给学生创造的第二课堂，都离不开“兴趣”两字，可以说，她的所有教改和教学活动，都是以培养和调动学生的学习兴趣为引领。也正是把学生的学习兴趣作为教学的核心任务，教学才能够始终符合教育教学规律，才能够取得良好的教育教学效果。

（二）因材施教，润物无声

1. 因材施教，全体发展

在具体的教育教学之中，每个学生都有自己的个性和特点，霍懋征紧紧围绕每个学生的个性和特点进行有针对性的教育，很好地贯彻落实因材施教的原则，即使面对问题较多、较棘手的学生，她也从没有放弃过他们中任何一个，甚至有时还主动教一些纪律不好的班级或者问题较多的学生，真正做到促进全体学生发展。例如，当时其他班级里有一位比较典型的问题比较突出的学生，由于该生总是违规违纪，其他老师对他的教育没有成效，学校决定送其到工读学校改造之时，霍懋征老师得知此事后，经过再三请求，将该生转到自己的班级中学习，霍老师对其观察和研究后，针对他个子高、力气大的特点，安排他带队参加班级卫生扫除劳动和照管乐队大鼓等活动，逐步培养他的责任心和上进心，经过努力，该学生很快融入了班集体，有了很大改变和进步，他也对霍老师给他的教育和挽救感激不尽。可见，霍老师的教育真正做到了没有放弃一个学生，也印证了她所倡导的“没有教不好的学生”的论断，给人很好的启迪。

2. 教育艺术，润物无声

霍懋征的教育活动中无处不体现教育是艺术的特点。她在几十年的教育中，有不胜枚举的教育案例，蕴含着她的教育机智和丰富的艺术创造性。例如，有位转学来到霍懋征所教班级的女学生，在上课能积极地举手回应教师的提问，但经常不能正确回答问题，霍老师发现这个现象后，私底下跟该学生交流，原来是因为该学生作为新来的同学，希望得到老师和同学的认可，担心自己不举手而被大家瞧不起，所以经常举手回答问题，弄清楚问题所在后，霍老师跟该学生达成了“秘密协议”——当该学生会时则举右手，而不会时则举左手，这样老师看到其举右手会让其回答问题，这样既保护了她的尊严，又培养了她的自信，就这样该学生逐渐追赶了上来，最后该学生留学外国成长为著名医生[1]。师生能够形成这样的教育教学默契，“实在是一种令人向往、难能可贵的教学艺术境界”[2]，而且“她的教学艺术达到了炉火纯青的地步”[3]。恰恰是在日常教育中的点滴智慧，收到了潜移默化、润物无声的良好教育作用。可见，霍老师的教育符合教育科学规律，并充满了艺术创造性，是智慧的结晶，收获也自然而然、水到渠成。

四、深邃的教育思想

霍懋征在教育实践中总结提出了一系列深邃的教育思想，包括爱的教育、文道统一等思想，这些思想的根本宗旨可谓万变不离其宗，即爱与尊重是她“教育思想根本的价值取向，也是贯穿于她全部教育活动的红线”[4]，最终是育人为本和促进学生全面发展，这是其从教60多年的思想精髓所在。

（一）爱的教育，育人为本

1. 爱的教育，博大精深

任何教育都离不开教师的爱心，爱是教育的灵魂，这也是以学生为本的根本体现。霍懋征始终把“没有爱就没有教育”作为自己教育工作的座右铭，逐渐发展完善为“爱的

[1] 赵萱，曾曙春. 把爱献给教育的人——霍懋征 [M]. 北京：人民教育出版社，2011：113-115.

[2] 李如密. 特级教师霍懋征的“聪明”教学法 [J]. 教育科学研究，2012（2）：78.

[3] 卢宪翠. 从霍懋征教育思想看教师专业发展——学习霍懋征教育思想的思考 [J]. 当代教育科学，2013（16）：54.

[4] 陶西平.《每一个孩子都是我的骄傲——霍懋征和她的学生们》序 [J]. 语文建设，2011（1）：61.

教育”思想，可以说，她“用‘爱’诠释了教书育人的真谛”[1]。她为此反复强调，我爱学生，爱每一个学生，每一个学生都能成才，每一个学生都有闪光点，每一个学生都是老师的骄傲，值得老师付出自己的爱。在她身上最突出的优点“就是全身心地爱每一个学生。她让所有学生都能从她慈祥的目光，和蔼的微笑，亲切的言谈话语中感受到老师对他们的充分信任和深厚感情”[2]。可以说，她始终把爱融入教育全程之中，把爱的阳光普照到每个学生身上，对学生的爱体现在日常教学点滴之中。她对学生的爱“那是一种熔铸师德、师风、师魂于一体的正宗的师爱，是比母爱还崇高的没有一点私心的大爱”[3]。虽然对学生的爱是无条件的普遍的大爱，但霍懋征认为，对学生的爱心离不开通过耐心、信心、细心和责任心予以实现和支撑。同时，她强调，“爱的教育”需要坚持“激励、赏识、参与、期待”原则，可以说，这既是对其“爱的教育”体系的很好诠释，也是对“爱的教育”的细化和深化措施，使“爱的教育”具有非常好的可操作性、推广性，没有老师的激励、赏识和期待，没有学生的主动参与，就不可能有“爱的教育”，也不可能有教育的成功。可以说，霍懋征“献给教育的这份爱如同皎洁的月光、清澈的泉水，让所有人的心中都荡漾起暖意，久久不能散去”[4]。实际上，每位教师也都明白没有爱就没有教育的朴素道理，应该关心、关爱每一位学生，但由于种种原因，真正能够落实爱的教育基本要求的却少之又少，这需要教师们好好揣摩、真正掌握霍懋征关于“爱的教育”的真谛。当然，“爱的教育”不仅仅需要认识到位、措施到位，还需要磨炼自己的性格，提高自己各方面的修养。

2. 严爱相济，平等尊重

霍懋征对学生的爱绝对不是溺爱、更不是纵容错误之爱。她始终强调要严爱相济，对于学生的错误要采取积极措施予以及时帮助、改正，即使高干子弟犯了错误，她一样严格要求。她对所有学生都能做到平等和尊重，她和学生是平等的关系，她从不颐指气使，教学中注意启发引导而不是灌输压制，生活中注意对话交流而不是管束说教，从而能做到一视同仁、平等地对待每一位学生；她尊重每一位学生，积极鼓励和热情帮助每一位学生，注意保护学生隐私和“小秘密”，从而赢得了学生对她的尊重。可以说，良好的师生关系，

---

[1] 卢宪翠．从霍懋征教育思想看教师专业发展——学习霍懋征教育思想的思考［J］．当代教育科学，2013（16）：54.
[2] 林蔚．一代师表：纪念霍懋征从教60周年［M］．北京：知识出版社，2001：28.
[3] 王松泉．“国宝”霍懋征的“大爱”教育［J］．民主，2015（8）：42.
[4] 章雪颖．霍懋征：把爱献给教育［J］．中国教师，2011（10）：21.

既是教育教学活动的润滑剂，也是教育教学活动的根本要求，为收获良好的教育教学效果奠定了基础。

（二）文道统一，素质教育

1. 文道统一，德育为首

当前，每位教师都清楚任何教学都应该首先体现德育要求，课程要体现思政要求，但在几十年前，这却是一个有争议的话题，很多教师认为教学主要教知识，思想政治教育则由学校和少先队进行。20世纪70年代末期后，霍懋征反思教育所存在的问题：那些在学校还是淳朴可爱的学生，为什么会突然变成了无法无天的红卫兵？她深深感到是思想道德教育出了问题，尤其语文教育只注重教知识技能，忽视了思想道德教育。所以，她20世纪70年代末期后专教语文，并明确提出了“文道统一”的思想，并在全国做了一些示范课和讲座宣传文道统一思想，在她的推动下，很好地改造了基础教育界所倡导的“双基教育”只教基础知识和基本技能的做法。逐渐的，全国的语文教学开始将知识、技能与思想道德教育融为一体，语文真正承担起了应有的、重要的育德任务、体现出了德育为首的要求。

2. 素质教育，全面发展

素质教育是20世纪80年代后期逐步提出的教育思想，但素质教育的实践由来已久。在素质教育正式提出之前，霍懋征在其丰富而卓越的教育实践中，早就蕴含着素质的基本理念。她鼓励学生知识、能力和品德全面发展的做法，是素质教育“全面性”特征的重要体现；她不放弃每一个学生的做法，是素质教育“全体性”特征的根本要求；她启发引导学生、鼓励学生创新、学会学习、主动发展的做法，是素质教育“主动性”特征的真实反映；她向40分钟课堂要质量、减轻学生学业负担、组织学生走向生活课堂的做法，是素质教育“减负”“增效”要求的应有之义。总而言之，她的素质教育思想可以说无处不在，在实践中有各种生动的表现。进入20世纪90年代后期素质教育大发展、大推广时期，她在已有实践做法的基础上，提出了开展素质教育的“十会”要求，即学生要“学会做人、学会自律、学会学习、学会思考、学会创造、学会审美、学会乐群、学会健身、学会生活、学会劳动”[1]，通过“十会”，可以有效促学生进德智体美劳全面发展，这既符合素质教育的基本规律和根本要求，也进一步诠释了素质教育的精神实质。

---

[1] 赵萱，张小武. 霍懋征传［M］. 北京：中国大百科全书出版社，2012：203.

五、幸福的教育人生

霍懋征老师的教育人生用她自己概括的6个字而言就是“光荣、艰巨、幸福”的教育人生，可以说，因为使命光荣所以她忠诚挚爱于教育，因为责任艰巨所以她敬业奉献于教育，也因此而收获了巨大的成就和荣耀，收获了幸福的教育人生，这是其从教60多年的生命真谛所在。

（一）薪火相传，如师如母

之于家人和学生，霍懋征以爱换爱，收获了无尽的幸福。

1. 教师世家，薪火相传

霍懋征出生于教师之家，1991年，霍懋征一家被评为“全国优秀教育世家”，一家三代8人从教，被传为佳话。霍懋征奉献教育的高贵品质对子孙后代的影响生生不息，至今，其一家共有11人从教，她的妈妈、爱人、女儿、儿子、外孙女等先后从事教育工作，从教队伍越来越壮大。可以说，没有高尚的教育情怀不可能成为教育世家，没有甘于奉献的精神不可能薪火相传，没有对教育事业的挚爱和追求不可能一门有这么多人从教，没有言传身教和潜移默化的影响不可能大家做出同一样的选择，这都源于霍懋征的教育大爱精神、敬业精神、奉献精神和使命感对其家人的感召，接力棒正在一棒棒传接下去，荣耀而幸福的教育人生在后人手里续写着新的华章。

2. 如师如母，其乐融融

霍懋征对待学生就像对待自己的孩子一样，甚至比对自己的孩子还上心，很多父母不在身边的学生曾经被霍懋征接到家里吃饭和住宿。她常说：“学生至上，我愿意为他们操劳[1]。”由于霍懋征的真诚和挚爱，学生们跟她非常亲近，在学生心目中，她不仅是学生的老师，还是学生的“妈妈”，甚至很多学生直接喊她为妈妈，每逢春节或者霍懋征的大寿之日等重要节庆日，学生们都相约而来看望她，诉说着对她的思念和感激之情。可以说，霍懋征跟学生真正做到了良好师生关系所要求的尊师爱生、民主平等和教学相长，大家不是一家人，胜似一家人，和谐共处、其乐融融，何其幸哉！

---

[1] 赵萱，张小武. 霍懋征传[M]. 北京：中国大百科全书出版社，2012：76.

（二）国宝名师，人世楷模

之于教育和社会，霍懋征以奉献为本，赢得了无数的荣誉。

1. 国宝名师，师届泰斗

早在20世纪50年代中期，霍懋征的教育水平早已远近闻名、蜚声全国，被周恩来总理誉为“国宝”教师，在此后几十年的教育生涯中，党和国家领导人也多次亲切接见她、给予其崇高的评价，温家宝总理甚至亲自登门看望她，为其题写了“把爱献给教育的人”题词。她被誉为“是教育战线上的一面旗帜，是教师的楷模，是一代师表”[1]。可以说，教育界有这样的名师，是学生的幸运。

2. 德高望重，人世楷模

纵观霍懋征的一生，不仅在教育界影响深远，是人民教师的学习楷模，而且她德高望重，在很多方面都堪称人世楷模，她对国家的忠、对事业的专、对学生的爱、对同事的敬、对老人的孝、对子女的育、对亲人的情、对朋友的信、对人民的善，无一不值得人们深入学习、憧憬向往，她的精神必将激荡着一代代的后人成长。可以说，社会有这样的模范，是民族的骄傲。

总之，霍懋征老师既是人民教师的楷模，又是一座伟大的丰碑[2]！虽然她带着对教育、对学生无限的爱和情离开我们已经有10余年了，但她的宝贵精神财富必将长存！她坚实的教育足迹、优秀的教育品质、光辉的教育思想必将影响深远！“真正的教育家是永不凋谢的”[3]，她“光荣、艰巨、幸福”的教育人生必将彪炳教育史册！正如窦桂梅校长所言，我们现在应该做到的就是要用和霍懋征老师一样的爱心和真心，甚至超出她的努力，解放学生，把美好的童年还给学生[4]！今天，每当我们回忆起霍懋征老师时，我们会自然而然想到的就是“她为学生、为教育大写的‘爱’”[5]，这就是对她最好的怀念！

---

[1] 教育部关于教育系统向霍懋征同志学习的通知（教人〔2010〕2号）[DB/OL]. http://www.moe.gov.cn/srcsite/A10/s7058/201002/t20100221_88264.html,2010-2-20/2021-4-15.

[2] 陶西平. 每一个孩子都是我的骄傲——霍懋征和她的学生们[J]. 语文建设，2011（1）：62.

[3] 袁振国. 弘扬人民教育家霍懋征的教育思想[J]. 中国德育，2010（6）：3.

[4] 窦桂梅. 生命，责任与爱意——怀念霍悉征先生[J]. 思想理论教育，2010（8）：41.

[5] 章雪颖. 霍懋征：把爱献给教育[J]. 中国教师，2011（10）：21.

第七章　李吉林：长大的儿童

李吉林（1938年5月—2019年7月18日）女，汉族，出生于江苏省南通市，1956年毕业于江苏省南通女子师范学校，毕业后一直任教于南通师范学校第二附属小学，主要从事小学语文和班主任等教育教学工作，1978年获江苏首批特级教师称号，著名儿童教育家，著名语文教育专家，曾兼任中国教育学会副会长，第七届、第八届人大代表并当选为第七届主席团成员。李吉林是我国情境教学、情境教育的首创者，始终把促进儿童全面发展、让儿童快乐、高效学习作为自己的奋斗目标，在小学语文情境教育研究中取得了辉煌成绩，情境教育成为具有中国特色、中国气派、中国风格的教育思想体系，在教育界产生了广泛而深远的影响。李吉林的成果"情境教育实践探索与理论研究"，于2014年荣获首届国家基础教育教学成果奖特等奖（只设两个特等奖，个人唯一特等奖），并荣获全国"三八"红旗手、全国五一劳动奖章、全国教书育人十大楷模等荣誉称号。

第一节　李吉林发展基本历程

一、教师职业的准备和适应期（1938—1958）

李吉林于1938年5月出生在南通市一个贫寒的家庭，父亲在其5岁时因病去世，她从此和母亲相依为命，儿时的生活虽然有很多痛苦和辛酸，但再艰难的岁月，也挡不住儿童对快乐的向往，"贫穷也是一笔财富"[1]，她仍然收获了了不起的成长。每一个伟大的人物，背后必有一个伟大的母亲，李吉林的成长离不开母亲的付出，母亲勤劳、坚强，付出了全部的心血呵护着李吉林的成长，不仅给了她"一个宽松的成长空间"[2]，还千方百计支持她的求学之路，做到了一位母亲能做到的最大的努力和最好的关爱，这也对李吉林的奋斗而

[1] 李吉林. 李吉林与情境教育［M］. 北京：北京师范大学出版社，2019：3.

[2] 李吉林. 28年趟出一条小路——教育创新需要持久地下功夫［J］. 中国教育学刊，2006（7）：1.

辉煌的教育人生产生了深远的影响。

1. 入读师范学校

李吉林的求学之路异常艰辛，甚至在上到小学五年级时母亲想尽办法但仍没有筹到上学费用而面临即将辍学的困境，恰好南通市在1949年春天获得了解放，李吉林靠着党和政府的救济和学校的助学金，继续着学业，并以优异的成绩读完了初中。

初中毕业时，她面临着人生的第一个十字路口，她毅然决然地选择了报考师范学校，打算毕业后做小学教师，因此在升学志愿表上只填了两个师范学校，分别是南通女子师范学校和南通师范学校。之所以做出读师范学校的选择，主要是源于两个原因。一个是“一心想减轻母亲的负担，想早一点给母亲带来安定的生活”[1]，读师范学校不仅有助学金，还可以早就业早养家糊口；另一个原因就是她对小学教师职业的热爱，上小学时她深得小学老师的喜爱，上小学一年级时，班主任老师把她抱在自己的膝盖上，和她一起弹风琴；每当交不起学费时，又总是老师帮助了她……小学老师感动李吉林的一件件往事使她久久不能忘怀，并吸引着她想成为自己小学老师那样的人，因此她非常热爱她的老师，爱屋及乌，她也自然而然地非常喜欢小学教师这个职业，暗下决心长大后一定要做一个学生喜欢的老师！梦想成真，她顺利考上了南通女子师范学校。进入师范学校后，李吉林目标明确，勤奋刻苦，门门功课优秀（22门功课成绩门门都是5分），多才多艺，文体才艺突出，真正做到了全面发展，这为其日后成长为优秀的教师打下了雄厚的基础。

2. 初做小学教师

1956年，李吉林在师范学校毕业时，虽然她立志做小学教师的信念一直很坚定，但她还是对同学们有机会读大学而羡慕不已，她说，“作为一名成绩优秀的学生，又何尝不想迈进高等学府的门槛呢？”[2]班主任老师认为她不上大学非常可惜，所以多次动员她报考大学。但李吉林为了让母亲早日摆脱劳累的生活，能过上比较舒心的好日子，她最终放弃了大学深造的机会（当然，这也是她的终身遗憾，由于没有上过大学，也因为没有本科学历又错过了后来进华东师范大学读硕士、博士的机会），选择了到当时的南通女子师范第一附属小学（即现在的南通师范学校第二附属小学，下简称“南通师范二附小”）做一名小学教师。

---

[1][2] 李吉林. 李吉林与情境教育[M]. 北京：北京师范大学出版社，2019：5.

进入小学后，学校认为她是女师的高才生，决定让她教六年级。她担任了六年级一个班的班主任，并教语文和音乐。虽然她进行了精心备课，且已做到把教案背得滚瓜烂熟，自己演练了多遍，但当她走进教室时，同学们一看到18岁的李吉林老师，比他们大不了几岁，就开始议论起来，班级乱哄哄的，她显得十分狼狈，即使自己非常投入地讲课，学生们仍吵吵嚷嚷，根本没有效果，课上得很不成功，这种情况经历了好长一段时间才有所改变。夜深人静时，她常常留下委屈的泪水，但面对工作的困境，她没有气馁，她要做一个有尊严的女性，她不断反思自己的教学，对自己提出了更高的要求，她决定搬到学校里住，以便可以花更多的时间投入到备课中，想办法“尽力把课上得生动、有趣”[1]，并抽时间深入学生游戏中，与学生们打成一片，“用真诚的爱去沟通、融合他们”[2]。渐渐地渐入佳境，学生开始喜欢她和她的课。老校长听了她的课后曾说，课上得不错，是棵好苗子，应该好好培养。随后，学校的主要领导和骨干老师们纷纷来听她的课，并向她传授班级管理经验，她从中受益良多，从而有了很大的成长。转眼一年，学生们在升初中的考试中，取得了不错的成绩，有的学生还送照片给她作为毕业留念，她感受到做一位受学生欢迎的老师的无比喜悦、幸福和崇高。

李吉林认识到上师范学校时的优秀成绩不能简单转化为教育教学的高水平，必须要不断进一步提升自己，才能加快适应教师这一职业，而多读书是一个非常有效的途径。为此，她开始了更加系统、深入地自学大学中文专业教材，每天坚持5点半起床就开始诵读唐诗宋词，走近郭沫若、普希金、泰戈尔等“大家”，自己规定要做到每天早上、晚上要读书3个小时，早上读书后开始做操、跑步等活动加强身体锻炼，做到学习、健身两不误，共同促进，身体是学习、工作的基础，学习、工作又使身体健康更有意义。

3. 不为调动所动

两年后，李吉林老师代表南通市到省里参加排球比赛，竟被国家跳伞队看上要调她去练跳伞，她没有去。又由于歌舞表演而出名后，被市歌舞团看上，但她仍然没去。后又有一所中学想调她做中学老师，她还是不为所动。虽然这些调动对于她这个20出头的年轻姑娘而言，诱惑不言而喻，但她做小学教师的决心不会轻易改变。甚至在人事关系被有关单位偷偷调出，不能再在小学工作后，她“竟然在家哭着不肯吃饭”[3]，后在其母勇敢地去

[1][2]李吉林. 李吉林与情境教育［M］. 北京：北京师范大学出版社，2019：7.

[3]李吉林. 李吉林与情境教育［M］. 北京：北京师范大学出版社，2019：8.

找领导求情后，才又重新回到了小学，继续自己心爱的事业。这种执着、坚定的教师职业追求，奠定了其小学工作60多年的坚实基础。也可以说，一个人选对了自己喜欢的工作并为之努力奋斗，假以时日，必有收获。

二、快速发展期（1958—1966）

1958—1966期间，由于工作刻苦努力、认真钻研，业务上不断突飞猛进，经常“对外开课，每次都受到好评”[1]。业务能力被认可后，被借调到江苏省教育厅参加了教学参考书编写组，这成了跟专家、名师学习的良好契机，她“积极向他们虚心请教，向他们借来书籍”[2]，争分夺秒拼命读书，为后来开展“情境教学的实验打下了重要的基础”[3]。到1962年，她作为最年轻的代表，参加了全省小学语文教学座谈会，所做发言受到江苏省教育厅领导重视，并嘱咐《江苏教育》杂志社发表她的发言（该发言后以《漫谈词语教学》为名的论文发表于《江苏教育》1962年6月份的第11期上），随后，第二年她又在《江苏教育》上刊发了3篇语文教学的经验文章，这些论文是她的教育教学思想不断提升的一个尝试和之后思想不断丰富的一个重要基础，论文虽然是经验总结性质，与其后期的那些专业论文相比缺乏一些理论高度，但这也给她提供了在专业上有更大发展的充足信心。

三、坚守时期（1966—1978）

进入1966年的社会动荡时期，年仅28岁的李吉林受到了很大的冲击，全校大礼堂里贴满了批判她的大字报，经常有各种批判会，为了躲避灾难，她忍痛把自己多年累积保存下来的全部的“日记本、备课笔记本烧了”[4]，不知道将来能不能重新登上讲台，继续自己心爱的语文教育教学工作，内心充满了“极度的苦闷和惶恐”[5]。在经历一段彷徨和无助后，她没有被轻易打倒，而是开始了新的苦读，尤其是读了高尔基《童年》后，深受启发，她感觉“人不能选择命运，但可以选择与命运抗争”[6]；而读了鲁迅的系列杂文后，鲁迅的作品震撼了她的心灵，不再彷徨，并汲取了一种不屈的力量，支撑着她的精神世界[7]。有一段时间被调到了地处农村的钟秀小学进行所谓的世界观改造，但她仍然尽

[1][2] 李吉林．李吉林与情境教育[M]．北京：北京师范大学出版社，2019：8.
[3]～[5] 李吉林．李吉林与情境教育[M]．北京：北京师范大学出版社，2019：9.
[6][7] 李吉林．李吉林与情境教育[M]．北京：北京师范大学出版社，2019：10.

职尽责，认真教好农村孩子。后来又调回了南通二附小，虽然还是很难抬起头，但她依然以女性特有的尊严、韧性和顽强反抗欺辱，要做工作和生活的强者，不仅努力把本职工作做好，还进行了补充教材的编写工作，甚至还抓住机会全力以赴做好公开课，高质量地完成工作任务；即使丈夫也受到了迫害，面临着一个人支撑家庭的重担，她自己也要省吃俭用、用微薄的工资照顾好家庭，“不肯让人知道自己的贫寒”[1]。可以说，在这个时期，虽然难以估量的困难不期而至，但她没有自甘沉沦，而是卧薪尝胆、愈挫愈勇，等待着新的起飞时刻。

四、情境教学实验期（1978—1989）

1. 第一轮情境教学实验（1978—1984）

1978年后，李吉林老师迎来了新的快速发展期。1978年她被评为江苏省首批特级教师，借此契机，她暗下决心“人到这个世上来，就要干一番事业”[2]。为此，她“带着一种崇高的使命感，投身于教育改革的潮流中”[3]，她一改专教高年级语文教学的惯例，决心从一年级开始教起，以利于深入探索语文教学，“作为小学语文教师一定要弄清楚整个小学阶段儿童学习语文的内在规律”[4]。“为了让一年级孩子真切感受到‘上学真有意思’‘语文课真有趣’”[5]，她针对低年级语文教学所存在的“单调、呆板、低效”等弊端，并受其初中英语老师蒋兆一的点拨和启发，借鉴外语教学的情境教学，开始了语文教学的情境教学实验（后来李吉林进一步把情境教学总结为——“情境教学是通过创设优化情境激起儿童热烈的情绪，把情感活动与认知活动融合起来的一种教学模式”[6]）。“为了使学生的潜在智能得到早期开发”，实验开始“提出了‘提早起步、提高起点’的观点”[7]，最开始只是进行一些局部探索，即在语文“阅读课上留下5分钟进行片段的语言训练”[8]（结合课文内容，设计一个情景、一个动作、训练说一句话描写人物动态的

[1][2][3] 李吉林．李吉林与情境教育［M］．北京：北京师范大学出版社，2019：11.

[4] 李吉林．我“悟”教育创新30年［J］．人民教育，2008（20）：52.

[5] 李吉林．28年趟出一条小路——教育创新需要持久地下功夫［J］．中国教育学刊，2006（7）：2.

[6] 李吉林．构建中国情境教育儿童学习范式中国教师报［N］．2017-11-22：14.

[7] 李吉林．为全面提高儿童素质探索一条有效途径——从情境教学到情境教育的探索与思考（上）［J］．教育研究，1997（3）：33.

[8] 李吉林．李吉林与情境教育［M］．北京：北京师范大学出版社，2019：12.

句子[1]），让学生们在情境创设中进行语言表达、对话、表演，虽然时间短，但仍然激起了学生的热情，非常受学生欢迎。例如，第一次实验是在二年级上学期的《小马过河》课上，让学生模仿课文中描写动作的语言，去描写所创设的情境："让一个学生演示动作，欢蹦着走近教室，同时说：'我们班上得红旗啦'训练说一句描写动作、神态的句子"[2]，同学们都仔细观察、认真思考、积极表达，七嘴八舌地说出了"连蹦带跳地说""欢天喜地地说""喜气洋洋地说""兴致勃勃地说""兴高采烈地说""连声说"等言语表达，课堂气氛非常热烈。随着实验的深入，很多时候，学生们都感到课堂时间过得很快，课没有上够，他们"沉浸在语文审美的愉悦中，他们会央求我：'李老师，再上一会儿课吧！我们不下课！'"[3]

随后，李吉林又受到刘勰的《文心雕龙》、王国维的《人间词话》等文献的启发，知道了古代文论的"意境说"，感受到"意境说"博大精深，这"比外语的情境教学更为丰富、更有深度，也更有品位"[4]，它"确是民族文化的瑰宝""它所强调的情感的、审美的以及广远的意境，是国际上'情境认知'研究领域的空白之所在"[5]，把她"带到了一个精彩的、迷人的境界中"[6]，"意境说"的真、情、思、美引起了她极大的共鸣，影响和构建了她的儿童教育观（后来她回忆起来，认为这也"成为整个情境教育构架的核心元素"[7]）。她认为，既然古代的优秀诗作都离不开情境，那么小学生的作文也可以"通过创设情境、带入情境"[8]，她从中悟出了"'客观外物''人的情感'与'人的语言'乃至思维活动之间的辩证关系"[9]，同时，她还阅读了苏霍姆林斯基阐述"观察"的思想，印证了她的所思所想是正确的。逐渐地，她认识到语文教学必须与生活相通，"通过艺术的直观与语言描绘创设情境，激起儿童的情感，教学常常可以进入沸腾状态""认识到儿童的认知活动，有情感伴随必然会获得意想不到的效果"[10]。

同时，李吉林还受到当代一些语文大家的影响。她认为，"叶圣陶先生在他的《语文教学20字韵》中指出'作者胸有境，入境始于亲'，短短的10个字，揭示了作家创作和读

[1][2] 李吉林. 情境教学实验与研究［M］. 北京：人民教育出版社，2006：8.
[3] 李吉林. 情境教学实验与研究［M］. 北京：人民教育出版社，2006：56.
[4] 李吉林. 李吉林与情境教育［M］. 北京：北京师范大学出版社，2019：47.
[5] 李吉林. 28年趟出一条小路——教育创新需要持久地下功夫［J］. 中国教育学刊，2006（7）：15.
[6] 李吉林. 李吉林与情境教育［M］. 北京：北京师范大学出版社，2019：13.
[7] 李吉林. 为儿童快乐学习的情境教学［J］. 课程·教材·教法，2013（2）：4.
[8][9] 李吉林. 李吉林与情境教育［M］. 北京：北京师范大学出版社，2019：47.
[10] 李吉林. 28年趟出一条小路——教育创新需要持久地下功夫［J］. 中国教育学刊，2006（7）：2.

者阅读的要领”[1]；她写到，“夏丏尊先生在《教育的背景》让我进一步认识到儿童学习语文更应该是情境性的。创设的情境作为知识的背景不仅是烘托、显现，更重要的是，优化的情境将词句、修辞、章法镶嵌在情境中，这就使知识有根、有联系、有背景，才是最生动的体现”[2]；回顾整个情境教学实验和探究过程，李吉林认为，“除了叶老、夏老，还有吕叔湘先生、张志公先生、蒋仲仁先生、陆静山先生等当代语文教育大师和专家，在教学法不断发展、进步的历程中，他们是先驱者，他们的思想和言论是语文教学法巨著中的宝典。我从他们的著述中获益，促使我在情境教学的实践与研究中，发现并努力把握儿童在情境中学习语文的规律，不断吸纳东方教育的智慧”[3]。

在不断学习和思考中，她不断推进情境教学实践。她经常利用休息日早早出发深入大自然去感受日出、沐浴明月、涉足小河、寻找野花……然后再带领学生们到大自然中去观察，还在中、高年级引导学生“观察社会生活中的场景和人物的活动”[4]，而且“总是选取社会生活的光明面”“用‘美’去占据儿童的心灵，用‘美’去滋润他们的心田”[5]，例如，带领学生观察辛勤的交警、了解街道的发展变迁、走近科学家、艺术家了解他们的生活，让学生去感悟、交流，做到了情境、观察、体验的交汇，情感、人文、智慧的交融。“于是就有了观察情境说话、写话，观察情境作文的教学内容”[6]，“作文教学的成功，阅读教学的跟上，凸显了情境教学‘形真’‘情切’‘意远’‘理寓其中’鲜明的个性特点和独特优势，让儿童在优化的情境中快乐地学习着，并采取‘多读书，不做题，注重整体训练’”[7]。

实验除了上述进行“片段语言训练”和“提供作为素材”外，还在情境教学中注意“进行审美教育”，做到文道统一，从而体现了“促进整体发展”的要求，把“知识教学，能力培养，智力发展以及情感意志的陶冶等诸因素”[8]融为一体。

李吉林回忆自己的实验历程时说，“记得在实验进行3年多后，从学生的发展看到情境教学喜人的效果”时，她的恩师华东师范大学著名的教育学教授杜殿坤提醒她：“效果为什么这么好，情境教学究竟有哪些促进儿童发展的要素？”[9]后来，在《情境教学实验与研究》这本著作里，她对此作了回应，她将促进儿童发展的要素概括为五要素：以培养

[1] 李吉林. 为儿童快乐学习的情境教学[J]. 课程·教材·教法，2013（2）：6.

[2][3][9] 李吉林. 为儿童快乐学习的情境教学[J]. 课程·教材·教法，2013（2）：7.

[4][5] 李吉林. 李吉林与情境教育[M]. 北京：北京师范大学出版社，2019：51.

[6] 李吉林. 28年趟出一条小路——教育创新需要持久地下功夫[J]. 中国教育学刊，2006（7）：2.

[7] 李吉林. 为儿童快乐学习的情境教学[J]. 课程·教材·教法，2013（2）：4.

[8] 李吉林. 情境教学实验与研究[M]. 北京：人民教育出版社，2006：19.

兴趣为前提，诱发主动性；以指导观察为基础，强化感受性；以发展思维为核心，着眼创造性；以陶冶情感为动因，渗透教育性；以训练语言为手段，贯穿实践性[1]。这也是情境教学的五原则。

在情境教学实践和探索中，李吉林老师除了得到杜殿坤教授的提携外，也从很多专家、学者那里受到了很好的启发。1980年春天，上海有一个由20多位著名教授、特级教师组成的教育参观团来到南通点名要听李吉林的课，参观团里有李吉林慕名已久的著名的特级教师袁瑢、倪谷音、顾家璋，华东师范大学附小的校长陈先墀，上海师范大学恽昭世、柴崇英、谢淑贞，华东师范大学卢寄萍等名师、专家，他们在李吉林所在学校参观3天，听了李吉林5节课，有阅读课、作文课、作文讲评课，参观团对李吉林的课给予了非常高的评价，从而使李吉林更有信心继续开展好情境教学实验（当时，新华社记者获悉上海专家组团造访，于是赶到我们学校进行了3天采访，还亲自测试我们二年级学生的作文水平，结果证明二年级学生比三年级学生写得还好，也证明了作文教学“提早起步，提高起点”的成功。不久，《人民日报》《新华日报》《光明日报》记者都采访了我，情境教学一下子走向了全国[2]）。后来她又特地到上海回访了参观团的一些专家，受到热情接待，给她传递了很多“教育教学的新信息和前沿的动态”[3]，让她更快地融入学术界。还通过恽昭世老师认识了上海师大的吴立岗老师，吴老师是作文专家，是杜殿坤教授的学生，这次相识，也使其终身受益。1980年秋，李吉林在参加上海的一次学术活动上认识了杜殿坤教授。杜殿坤教授对李吉林的成长居功至伟，后来李吉林自己总结时深情地提到：杜殿坤教授是她的恩师，“现在在全国形成广泛影响的教育流派留下了他奠基的一笔”[4]，他不仅给李吉林很多指导，第一个肯定了情境教学的提出的专家，鼓励她继续深化情境教学实验，形成自己的教学体系，促进学生的“一般发展”[相当于“全面发展”，而不是“特殊发展”——仅仅关注（语文）学科的知识和技能]，这逐渐帮助李吉林提出“着眼发展、着力基础”[5]的发展观，“形成了一个理念，那就是‘一切为了儿童的发展’”[6]，杜殿坤教授还给她推荐关注1983年《华东师范大学学报（教育科学版）》创刊号上洪丕熙教授的一篇关于勒温“心理场”论的文章，由此启发了她的情境教学的“心理场整合原理”，并特意给她的专著

[1] 李吉林. 情境教学实验与研究［M］. 北京：人民教育出版社，2006：121-181.
[2] 李吉林. 40年情境教育创新之路［N］. 中国教师报，2018-12-26：11.
[3] 李吉林. 李吉林与情境教育［M］. 北京：北京师范大学出版社，2019：17.
[4] 李吉林. 李吉林与情境教育［M］. 北京：北京师范大学出版社，2019：66.
[5] 李吉林. 李吉林与情境教育［M］. 北京：北京师范大学出版社，2019：63.
[6] 李吉林. 李吉林与情境教育［M］. 北京：北京师范大学出版社，2019：58.

《情境教学实验与研究》的第1版、第2版写了序言，还帮助她结识了很多专家、学者，时任华东师范大学的刘佛年校长就是在杜殿坤教授的特意引荐下认识的。刘佛年校长非常欣赏李吉林的改革成绩和朴实且优美的写作风格，甚至想通过让李吉林跟着他读硕士、博士的方式，打算逐步把她培养成为中国自己的教育家，但由于李吉林老师没有大学本科学历且年龄超过了45岁，不符合教育部研究生招生规定，这个培养愿望没有实现（当时华东师范大学的招生报告报上去后没有被批准）。后来刘校长经常安慰、激励李吉林，并为了给她创造条件读书成长，特聘她为华东师范大学的兼职研究员，并说，“这样你就可以享受华东师大丰富的图书资料信息了”[1]。李吉林认为，上海作为我国教育改革的排头兵，对她有潜移默化的影响。上海“著名教育家吕型伟先生先进的教育思想、上海教师率先改革的行为，以及后来上海市教委张民生副主任的相关举措”[2]，都对李吉林产生了非常大的影响。

在第一轮情境教学实验中，李吉林和她的学生们取得了不俗的成绩，可以概括为四个方面，分别是：第一，她多次开展经验交流。1979年9月，她参加了江苏省教育学会成立大会，受大会邀请做了《怎样在小学低年级语文教学中发展儿童的智力》的报告，她针对我国小学教育忽视儿童情感教育的状况，提出把儿童的情感活动与认知活动结合起来，使儿童主动参与教学过程，通过语文学习促进诸方面的发展的思想，该报告可谓一炮走红，随后在南京、上海等地多次做报告。1980年暑假，在辽宁大连的“全国小语会成立大会”上做了题为《把训练语言与发展智力结合起来》的报告，获得一致好评。且《光明日报》记者采访了她，《中学语文教学》杂志不久也发表了她的这篇论文。第二，情境教学的成果陆续出版、发表、获奖。1980年初江苏人民出版社出版了李吉林主编的她班级学生们的日记汇编——《小学生观察日记》；《人民日报》在1980年10月发表了《用心血催开智慧花朵的李吉林》的关于情境教学的报道；她班里学生陆续有70多篇习作发表在《人民日报》等报纸和杂志上，并有3篇作文获得全国比赛一等奖；李吉林自己撰写了一系列情境教学的文章《一年级口头作文初探》《语文教学上的创设情境》等发表在《人民教育》《教育研究》《人民日报》《光明日报》《中国教育报》上。第三，学生的考试成绩非常优秀。1983年她的五年制实验班参加毕业统考，成绩大大优于其他六年制的学生，合格率达到100%，“93.5%的学生作文考出了好成绩，其中55.8%达到优秀，优秀率是城区小学平均比例的12倍之多，阅读优秀率是城区平均水平的4.58倍”[3]“作文成绩比一般

[1] 李吉林. 李吉林与情境教育［M］. 北京：北京师范大学出版社，2019：18.
[2] 李吉林. 李吉林与情境教育［M］. 北京：北京师范大学出版社，2019：19.
[3] 李吉林. 我的情境教育探索之路［J］. 基础教育，2005（7-8）：111.

班级平均高10分”[1]。第四，她的情境教学的第一本代表性专著出版。实验班毕业后，根据上级教育局意见，学校没有给李吉林老师排课，让她用一年的时间专门进行实践经验总结，在这一年的深入总结和研究中，她保持一贯的工作风格，连春节也不休息，“想啊，写啊，写啊，想啊”“常常伏案笔耕、彻夜不眠”[2]，最终撰写了《情境教学实验与研究》一书（该书于1988年2月由四川教育出版社出版，并于1989年获得教育部全国首届教育科学优秀成果一等奖和1990年获得新闻出版署第二届全国教育优秀图书一等奖），系统地论述了情境教学的基本思想和实施情况。所取得的成绩，让她“深刻地认识到只有从民族文化经典中寻到‘根’，才能真正走出具有中国特色的教育之路”[3]。

关于情境教学的一些理论探索，除了上述提到的情境教学特点、情境教学促进学生发展的要素（原则）外，李吉林老师还概括总结了情境的类型：分为实体情境、模拟情境、语表情境、想象情境、推理情境[4]；情境教学的原则：形式上的新异性、内容上的实践性、方法上的启发性[5]；创造情境的途径：以生活展现情境、以实物演示情境、以图画再现情境、以音乐渲染情境、以表演体会情境和以语言描绘情境[6]；并构想出具体策略：“以观察情境积累表象，丰富儿童想象所需的思维材料”“以情感点燃智慧的火花”“提供想象的契机，为儿童组合新形象产生需要的推动”“让思维进入最佳情绪状态”等[7]；以及情境教学促进儿童发展、情境教学在识字、阅读和作文教学中的应用探索等。

可以说，在第一轮实验期，李吉林老师既有丰富的实践和优异的效果，也取得了丰硕的理论成果，这也一举奠定了她在基础教育界的历史地位。当然，任何改革都会有一定习惯势力的非议或者阻拦和刁难等，这些难不倒坚毅、勇敢、一往无前的李吉林，何况她在改革中伴随着孩子们的成长收获了无尽的快乐。

2. 第二轮情境教学实验（1984—1989）

第二轮实验开始于1984年。为了让学生入学后“学得快乐、学得高效”，李吉林老师进一步进行了深入探索和实践，又做了很多不同于第一轮的工作。

---

[1] 李吉林．李吉林与情境教育［M］．北京：北京师范大学出版社，2019：10.

[2] 李吉林．我的情境教育探索之路［J］．基础教育，2005（7-8）：111.

[3] 李吉林．为儿童快乐学习的情境教学［J］．课程·教材·教法，2013（2）：4.

[4] 李吉林．情境教学实验与研究［M］．北京：人民教育出版社，2006：32-35.

[5] 李吉林．情境教学实验与研究［M］．北京：人民教育出版社，2006：36-42.

[6] 李吉林．情境教学实验与研究［M］．北京：人民教育出版社，2006：43-63.

[7] 李吉林．我“悟”教育创新30年［J］．人民教育，2008（20）：56.

她“提前到幼儿园兼课，由此方知幼儿园与小学之间是一个‘陡坡’”[1]。因此，她“开设幼小衔接过渡性情境课程，提出‘室内短课与室外观察相结合的原则’，减小坡度，精心设计，使学习内容、学习形式既接近于幼儿园，又高于幼儿园的教学要求。情境过渡课程使孩子们很快适应了小学阶段的生活”[2]。

在第一轮实验结束后，全国的教育整体改革越来越受重视，各地都在跃跃欲试，李吉林此时“觉得一个小学教师在一所小学进行整体改革真是力所不能及”[3]，为此而在有关会议上借机请教了顾明远、刘佛年和杜殿坤等专家，受到了鼓励和启发，因此在第二轮情境教学实验里提出了“情境教学向整体优化发展”的设想，确定了“优化情境，促进整体发展”的总课题。这次是一年级7个班一起投入了整体改革的实验中，并逐步扩展到整个学校的所有学科。实验班运用情境教学，强调“五为”：以“美”为突破口、以“情”为纽带、以“思”为核心、以“练”为手段、以周围世界为源泉，使各科任课教师有了统一的教育思想。此外，她想，怎么才能更好地让各科老师融入进来，便于操作呢？经过“不停地写、不停地画，冥思苦想”[4]，她感觉1982年提出的促进儿童发展的“五要素”也同样适用各科教学，只要把最后一条“以语言训练为手段”改为“以训练学科能力为手段”，各科教学就可以理解和操作了。思路顿时打开，“整体改革的路一下子拓宽了、清晰了”[5]。至此，经过努力，“推进了情境教学由单科向多科，从课堂教学向课外活动延伸，及至向整个小学教育的拓展，情境教育实验由此迈出了可喜的一步”[6]“全体教师参与的、整体改革的实验，轰轰烈烈地开展起来了”[7]。

众所周知，“传统的语文教学一直强调识字是阅读的基础；阅读是作文的基础。于是形成了‘汉语拼音’—‘识字’—‘阅读’—‘作文’这样的直线序列、单一的结构”[8]。为了解决这个问题，李吉林逐渐地在深悟一些道理，尤其是受到了“教育哲学家查有梁先生论著中关于‘系统论’思想的影响，认识到‘结构决定效率’，促使第二轮实验进行内容结构的优化，科学地提高教学效率”。“在实验教学中充分利用母语教学要素之间的相互作用，提出‘识字、阅读、作文’三线同时起步的方略，形成多向结构、循环往复、螺旋

[1] 李吉林. 为儿童学习构建情境课程[J]. 中国教育学刊，2016（10）：5.

[2] 李吉林. 为儿童学习构建情境课程[J]. 中国教育学刊，2016（10）：6.

[3][7] 李吉林. 李吉林与情境教育[M]. 北京：北京师范大学出版社，2019：20.

[4][5] 李吉林. 李吉林与情境教育[M]. 北京：北京师范大学出版社，2019：93.

[6] 李吉林. 为全面提高儿童素质探索一条有效途径——从情境教学到情境教育的探索与思考（下）[J]. 教育研究，1997（4）：55.

[8] 李吉林. 为儿童快乐学习的情境教学[J]. 课程·教材·教法，2013（2）：6.

式上升的序列。结构由单一到多向，满足和激发了儿童强烈的求知欲，儿童学习母语的速度和效果明显提高，极大地丰富了启蒙教育阶段儿童的学习生活”[1]。需要注意的是，“其中的识字教学，则学习斯霞老师的分散识字的精神，做到在儿童识字始，不追求速度和数量，从笔画笔顺、间架结构、音、形、义、教得扎扎实实”[2]。关于阅读，她则从已有的“‘注音识字与提前读写’中得到启发”，“提前读写”与她“提出的一年级要‘提早起步、提高起点’的设想一拍即合”，她“把‘注音识字’改为‘汉字注音阅读’，让学生在运用拐棍的同时开始早期阅读。采用游戏的方式将汉语拼音提前到幼儿园大班教学。提出‘只识、能拼、不写’的原则，以缩短教程。”[3]“与此同时，开始习作的训练，采取‘先说后写、多说少写’，从‘说一句话’到‘写一句话’，再到‘写几句话’；先作‘口头作文’，再作‘书面作文’，这使作文从一年级起步具备了可行性。”[4]“到中高年级，则根据语文教材内容将‘工具’与‘人文’、读’与‘写’、‘训练语言’与‘发展思维’、‘课内’与‘课外’结合，进行‘四结合主题性大单元教学’，教学内容聚焦主题，单元中相似、相近的内容归类，以相互联系的理念集中训练，体现了大语文教育的观点，拓展了语文教育的空间，丰富了语文教学的内容。从而更好帮助儿童触类旁通，较快地掌握规律，获益更多。结构的优化，丰富了课程内容，提高了教学效率，加之第一轮成功经验的深化让艺术走进课堂，使课堂美起来。”[5]经过新实践、新探索，第二轮情境教学同样“取得了显著的效果”[6]。

同时，随着情境教学所取得的一系列成绩，情境教学的推广工作也在不断深入。1987年，江苏省成立了“江苏省教委推广李吉林教改经验领导小组”，全省各市县相应成立领导小组，有力地推进了在全省的推广工作，逐步全省推广班达到1000多个，并培养了大批情境教学优秀青年教师。

回顾两轮实验探索，李吉林付出了太多太多。她感觉，第一轮实验5年间，想抢回社会动荡中被浪费的光阴，“真是用‘一天等于二十年’的干劲全身心投入的”[7]，虽有亲友劝告见好就收，自己心里也有想休息下的念头，但是又“总觉得人应该懂得珍惜”[8]，再说她也忙惯了，感觉闲着既无聊也不习惯。10年的实验历程下来，从来没有好好休息

[1] 李吉林．为儿童学习构建情境课程［J］．中国教育学刊，2016（10）：5.

[2]～[4] 李吉林．为儿童快乐学习的情境教学［J］．课程·教材·教法，2013（2）：6.

[5] 李吉林．为儿童学习构建情境课程［J］．中国教育学刊，2016（10）：6.

[6] 李吉林．28年趟出一条小路——教育创新需要持久地下功夫［J］．中国教育学刊，2006（7）：2.

[7][8] 李吉林．李吉林与情境教育［M］．北京：北京师范大学出版社，2019：91.

过，“天天上班，天天想着学生，找事干”[1]，她感觉是“欲罢不能”的状态。天道酬勤，经过这新一轮的教改实验和探究，李吉林“最后同样取得了令人瞩目的成绩”[2]。经过长达10年的实践和研究，李吉林的小学教育观逐渐明确和深刻，她认为，“小学教育是为了儿童全面发展的教育”[3]“小学教育不但为儿童明天的幸福做准备，同时也是给予儿童现实幸福的教育”[4]。新的辉煌，新的起点，李吉林所取得的成绩顺利地把她的实验和研究由情境教学推进到了下一个新的阶段——情境教育探索阶段。

五、由情境教学到情境教育和情境课程时期（1989—2013）

1. 情境教学体系完善、情境教育的拓展

第二轮实验圆满结束后，随着实践和研究的不断深入，李吉林在一边总结已有研究的同时，一边认识到情境教学可以拓展为情境教育，因此逐步开始了对情境教育的实践，并在理论上进行了新的突破。1990年4月，李吉林精心策划了学校情境教育的实验方案，主题是“着眼发展，着力基础，情境教育促进儿童素质全面发展”[5]，该方案逐步在思想品德课、音、体、美、数学课拓展，并收到了很好的效果，不仅学生的思维发展、学习兴趣提高、学习状态愉悦，而且老师们也有显著的发展，例如，南通师范二附小的数学教师“在江苏省数学教学比赛中蝉联‘冠军’，13届第一名，参加多次全国比赛，一共获得16个冠军”[6]。实际上，理论构建过程是有艰辛、有快乐。例如，1993年暑假，李吉林冒着酷暑日思夜想，病中还躺在床上校对稿子，玉汝于成，最终完成了《从“情境教学”到“情境教育”的探索与思考》论文，并在中国教育学会纪念邓小平“三个面向”发表10周年大会上进行了论文宣读，这是“情境教育”思想在学界第一次正式发布，引来无数赞叹，她也收到欣慰和信心。她从“爱儿童”这个基点出发，“强烈地感到童年是人生最重要的时期，童年应该是快乐的、灿烂的”，正是“怀着对儿童的一种挚爱”，她“在数不尽的日子里，用儿童的眼睛去看，用儿童的心去体验”“带着激情，怀着对儿童发展的美好憧憬冥

[1] 李吉林．李吉林与情境教育［M］．北京：北京师范大学出版社，2019：91

[2] 施建平．品境悟情、会文润心——浅谈李吉林语文情境教学思想［J］．未来教育家，2020（7）：33.

[3] 李吉林．李吉林与情境教育［M］．北京：北京师范大学出版社，2019：94.

[4] 李吉林．李吉林与情境教育［M］．北京：北京师范大学出版社，2019：98.

[5] 李吉林．李吉林与情境教育［M］．北京：北京师范大学出版社，2019：100.

[6] 李吉林．构建中国情境教育儿童学习范式中国教师报［N］．2017-11-22：14.

想着”“想为儿童构建一个宽阔的、开放的、适宜他们成长的、促进他们发展的生活空间。这个空间对儿童的影响是不知不觉的，但又是极其深远的”[1]。因此，在构建情境教育的基本模式时，她从“儿童成长的空间，教师、教材与儿童距离，儿童是教育时空中的主体，儿童发展的目标四个方面构建起了一个立体的情境教育模式”[2]。具体表述为“‘拓宽教育空间，追求教育的整体效益’‘缩短心理距离，形成最佳的情绪状态’‘利于角色效应，强化主体意识’‘注重学生的创新、实践，落实全面发展的教育目标’去设计”[3, 4]。同时，她还“结合现代教育理论，终于概括出‘暗示导入’‘情感驱动’‘角色转换’‘心理场整合’四大原理”[5]。“暗示导入”后来又调整为“暗示诱导”[6]。李吉林认为，“这四大基本原理是真正意义上情境教育的基本原理，具有鲜明的独特个性”[7]。随后，她还从哲学上去思考情境教育的原理，认为“情境教育是依据马克思关于人在活动与环境相互作用的和谐统一中获得全面发展的哲学原理构建的”[8]。在历经近30年的验证后，她又对“五要素”在文字上又进行了适当修改，进行浓缩，提出情境教育五大原则，即主动性原则、美感性原则、创造性原则、教育性原则、实践性原则，从而使情境教育有了构架性的支撑。[9]

随着情境教育探索的深入，实践效果也非常突出。“情境教育的实施确实收到了很好的效果，学生学得活，学得扎实，学得快乐。”[10]

同一时期，李吉林想让更多的年轻老师参与到情境教学和情境教育中，大家一起更好地成长，为此她提议成立青年教师培训中心，她的设想和提议得到南通师范二附小的大力支持，并于1990年春天成立了江苏省第一个以学校为基地的“青年教师培训中心”，李吉林为此放弃了许多休息时间和休闲假日，她跟青年教师一起分析教材、设计教案、制作教具，她不仅在教学能力提高方面给年轻教师们不遗余力地帮助，还从理论素养、研究能力、人生理想等方面影响着年轻一代。此后的几十年，她带出了一批批的年轻教师，情境教育大花园绽放着朵朵奇葩。正如她自己所说：“我不是农民，却是一个播种者……”，这不仅是对学生们而言，对青年教师的成长何尝不是如此呢！薪火相传，青年教师的成长也成为她一生致力的事业！

[1][3][10] 李吉林. 28年趟出一条小路——教育创新需要持久地下功夫[J]. 中国教育学刊，2006（7）：2.
[2] 李吉林. 李吉林与情境教育[M]. 北京：北京师范大学出版社，2019：100.
[4] 李吉林. 李吉林与情境教育[M]. 北京师范大学出版社，2019：110-117.
[5][7] 李吉林. 我“悟”教育创新30年[J]. 人民教育，2008（20）：56.
[6][8] 李吉林. 李吉林与情境教育[M]. 北京：北京师范大学出版社，2019：121.
[9] 李吉林. 为儿童快乐学习的情境教学[J]. 课程·教材·教法，2013（2）：8.

在开展情境教育探究的同时，情境教学思想也在丰富发展。李吉林边实践边研究，进一步系统总结了已有实践，梳理了有关思考和感悟，从而产生了一批新成果。例如，1990年8月由福建教育出版社出版了《李吉林情境教学详案精选》。同时，“中央电教馆在1993年拍摄小学语文情境教学系列讲座15集，并通过卫星向全国播放，受到广大小学语文教师的热烈欢迎。之后，李老师将讲座文稿汇总，于1996年9月由江苏教育出版社出版《小学语文情境教学》，在这本专著中，李老师对原有的语文情境教学的体系进行了补充、拓展”[1]。1996—1998年，《人民教育》杂志“开设专栏‘李吉林教艺录’，李老师对语文情境教学的重要原则进行了深入诠释，先后发表了10多篇文章。至此，小学语文情境教学从理论到实践完成了系统建构”[2]。

1996年12月，由中央教育科学研究所、江苏省教委、南通市教委主办的“全国情境教学——情境教育学术研讨会”在南通师范二附小隆重举行。时任国家教委副主任柳斌，江苏省教委主任王湛，著名专家滕纯、王策三、张定璋、裴娣娜、朱小蔓、钟启泉、田本娜、田慧生等和《教育研究》《人民教育》《中国教育报》等报纸和杂志的总编、主编等70多名著名专家、学者和300多名代表齐聚一堂。会上，李吉林做了《为全面提高儿童素质探索一条有效途径》的情境教学—情境教育的汇报报告。领导、专家们给予“情境教学—情境教育”以极高的评价，例如，柳斌副主任认为情境教学、情境教育是实施素质的重要途径，“根植于中国的大地，是有中国特色的”[3]“对于我们国家的小学语文教学乃至对于整个中小学教育改革，都将产生重大而深刻的影响”[4]，领导、专家们的高度评价既鼓舞了李吉林老师，也引领着她继续深入探索。

2. 情境课程的探究

随着情境教学、情境教育研究的不断渗入，情境课程逐步成为研究重点。李吉林总结认为，“情境教育从理论体系到基本模式的构建，一步步发展着。随着实验的深化，必然带来课程的改革”[5]，“为了让更多儿童更好地发展，我考虑到：通过情境课程，操作性会大大地增强，情境教育便能走向大众化”[6]。因此，同样是在“全国情境教学——情

[1][2] 施建平. 品境悟情、会文润心——浅谈李吉林语文情境教学思想［J］. 未来教育家，2020（7）：33

[3] 李吉林. 李吉林与情境教育［M］. 北京：北京师范大学出版社，2019：25.

[4] 李吉林. 李吉林与情境教育［M］. 北京：北京师范大学出版社，2019：23.

[5] 李吉林. 为全面提高儿童素质探索一条有效途径——从情境教学到情境教育的探索与思考（下）［J］. 教育研究，1997（4）：59.

[6] 李吉林. 积淀的飞跃［J］. 江苏教育（小学教学版），2010（7-8）：43.

境教育学术研讨会”上，李吉林老师提出了“情境课程”的思想。实际上，“情境课程经过18年的开发、研究”[1]，李吉林曾作了这样的总结：“关于课程的改革早在1978年就开始了，我们开设了野外课程；到第二轮，我自己到幼儿园去上课，发现了幼小之间的陡坡，于是开发了‘衔接领域’，提出了‘过渡课’，做到既高于幼儿园又接近幼儿园。”[2]但一直到1996年，李吉林在回顾和梳理已有探索和实践时“才提出‘情境课程’的主张，阐述了‘情境课程’的理念”[3]“提出较完整的建构‘情境课程的框架’”[4]。随后，她又揭示了“情境课程”的四大领域（四大领域分别是——核心领域：教学内容与儿童活动结合的“学科情境课程”，综合领域：儿童多渠道获益的“主题性大单元情境课程”，衔接领域：让儿童顺利逾越的“过渡性情境课程”，源泉领域：让儿童走进周围世界的“野外情境课程”——编者注）和“儿童—知识—社会”三个维度，“并遵循国家课程改革着力综合与实践、沟通书本与生活世界、理论与实践应用结合的崭新的课程理念和态势，逐步建构了情境课程的框架及其具体操作体系”[5]。她强调，“情境课程注重精心设计、组织儿童活动，将学科课程、活动课程与优化的情境融成一个有机的统一的整体，克服了单纯学科课程存在的重讲、轻练，重知识、轻能力，因缺乏操作而削弱应用性的弊端；同时也在一定程度上弥补了单纯活动课程往往容易陷入知识无系统状态的缺陷。情境课程将知识的系统性、活动的操作性、审美的愉悦性融为一体，强调以特定的氛围，激起热烈的情绪，在优化的情境中，促使学生主动地参与”[6]。

20世纪末，李吉林着重思考的一个核心问题是如何减负提质，为此，她“根据小学生天赋的禀性、特点以及自己和众多教师的经验，结合课堂实例”，“概括出情境课堂的五条操作要义（简称‘五要义’）：以美为境界；以情为纽带；以思为核心；以儿童活动为途径；以周围世界为源泉。大家都非常赞同，并在教学实践中有意识地发挥‘五要义’的作用，把操作‘五要义’作为大众的课堂设计的理论支撑”[7]，“从而推动情境课程日益走向大众化”[8]。在2002年，她认为，“根据情境课程内容及情境教学形真、情切、意远、理蕴的四大特点，情境课程必然对儿童的学习和发展起着整合、熏陶、启智、激励的作

[1][3] 李吉林. 28年趟出一条小路——教育创新需要持久地下功夫[J]. 中国教育学刊，2006（7）：2.

[2][4] 李吉林. 40年情境教育创新之路带来的6个甜果子[J]. 人民教育，2018（24）：26.

[5] 李吉林. 为儿童学习构建情境课程[J]. 中国教育学刊，2016（10）：5.

[6] 李吉林. 为全面提高儿童素质探索一条有效途径——从情境教学到情境教育的探索与思考（下）[J]. 教育研究，1997（4）：59.

[7] 李吉林. 为儿童快乐学习的情境教学[J]. 课程·教材·教法，2013（2）：8.

[8] 李吉林. 我“悟”教育创新30年[J]. 人民教育，2008（20）：55.

用”[1]。2007年，她完成了情境课程的专著的撰写工作，书名为《为儿童的学习——情境课程的实验与建构》，并于2008年由外语教学与研究出版社出版。总而言之，情境课程的理论构建也越来越成熟，“逐步生成的情境课程明晰化、系统化”[2]，引起了专家、学者们的重视和引发了新的思考。

3. 情境教学、情境教育、情境课程的成果丰硕

同样在20世纪末期，为了研究和推广情境教育，不仅召开了有关会议，还成立了研究机构。1998年10月26日至30日在南京市举办了由中国教育学会小学语文教学研究会、人民教育出版社共同主办，南京市小学教师培训中心承办的全国情境教学观摩活动。来自全国29个省、自治区、直辖市的30名语文教师做了30堂阅读、作文课，有1100多名专家和一线语文教师参会，进一步扩大了情境教育的影响。同年12月，由江苏省政府领导倡议，在江苏省教育厅、南通市教育局支持下成立了“江苏情境教育研究所”，作为“情境教育”科研机构和教师培训基地，由李吉林担任所长。研究所的成立，汇聚了更多志同道合的教师更有组织、有计划地开展情境教育研究，有力地推进了情境教育实践和探索工作，并带动了更多的青年教师参与到情境教育中。

2006年4月，8卷本360多万字的《李吉林文集》由人民教育出版社正式出版，文集是李吉林的心血和情境教育思想的汇集，是情境教育实践和探索的重要里程碑。同年5月29日，中国教育学会、人民教育出版社、中央教育科学研究所、中国教育报刊社在京联合举行了“李吉林教育思想研讨会暨《李吉林文集》首发式”。会上，原国家教委副主任柳斌给予高度评价：“李吉林是素质教育的一面旗帜。”时任中国教育学会会长顾明远强调：这是教育界的一件盛事，标志着具有中国特色的，我国原创的教育思想流派的出现和成熟。一个小学教师出版了非常有分量的学术文集，这可能是小学教育界绝无仅有的大事，李吉林教育思想之丰富和影响力之大可见一斑。

2008年11月25日为进一步推广情境教育的理论与实践，开展中国与世界教育学界的对话与合作，中国教育国际交流协会、中央教育科学研究所、联合国亚太地区价值观教育中心、江苏省教育厅等在南通联合举办了“李吉林情境教育国际论坛”。来自教育部、中国教育学会、北京师范大学等数十所高校和美国、英国、日本、葡萄牙等国近百名教育

[1] 李吉林. 李吉林与情境教育[M]. 北京：北京师范大学出版社，2019：138.

[2] 李吉林. 积淀的飞跃[J]. 江苏教育（小学教学版），2010（7-8）：43.

专家学者出席。为了给这个国际会议提供新的思考，拿出新的研究成果，争取到论坛的话语权，李吉林提前近1年时间自觉地行动起来，争分夺秒，“起早贪黑终于写成《为儿童的学习——情境课程的实验与建构》40多万字的书稿”[1]。在论坛上，“外国专家高度评价说：情境教育在世界论坛上为中国争得了足可自豪的话语权，发出了回应世界教育改革的中国声音”[2]。

2013，李吉林进一步总结提升了自己情境教育思想，对情境教学、情境教育、情境课程的有关思想和探索过程等方面予以阐述和思考，包括“新的探索、新的感悟、新的事件、新的发展”[3]，以此汇编为的《情境教育三部曲》（由3本著作组成，分别涉及情境教学、情境教育、情境课程）由教育科学出版社出版。

回顾自己的实践和探索，李吉林认为，“在情境教学、情境教育、情境课程中就是美美地想，乐乐地做，每天有收获。深感教师在奉献的同时，也获得了快乐与崇高的享受”[4]。可以说，学生们的快乐成长就是教师们的最大幸福，教师所有奉献和付出都是值得的，教师既获得了致良知之乐，也收到了学生成长的沉甸甸的果实。

六、情境学习研究时期（2013—2018）

实际上，在情境教学、情境教育、情境课程的实践和探究中，都离不开儿童的发展问题，而儿童的发展又是儿童学习的结果，所以李吉林也一直在思考儿童学习问题，“说到底，探索情境教育40年，实际上是在探索、研究一个世界性课题，就是：儿童究竟是怎么学习的”[5]。为此，她逐步概括总结了情境学习的探究问题，最终从理论上构建了中国式儿童情境学习的范式。

2013年12月25日，在“35年改革创新、江苏情境教育研究所成立15周年——情境教育成果展示会”上，李吉林做了题为《35年“快乐、高效”儿童情境学习范式的建构历程》的主旨报告，这是她情境学习的一次大总结、大展示，开始了情境学习的深入探究阶段。

情境学习的研究就是要“发现儿童学习的秘密，构建儿童情境学习范式，开创让儿

[1] 李吉林．云雀之歌：纪实：情境教育的拓展［M］．北京：教育科学学出版社，2017：285.

[2] 李吉林．云雀之歌：纪实：情境教育的拓展［M］．北京：教育科学学出版社，2017：422.

[3] 李吉林．云雀之歌：纪实：情境的拓展［M］．北京：教育科学出版社，2017：4.

[4] 李吉林．28年趟出一条小路——教育创新需要持久地下功夫［J］．中国教育学刊，2006（7）：15.

[5] 李吉林．40年情境教育创新之路带来的6个甜果子［J］．人民教育，2018（24）：29.

童快乐学习、获得全面发展的有效路径”[1]。在“真、美、情、思”核心元素的影响与启发下，李吉林“终于发现儿童学习‘快乐、高效’其核心秘密就是‘情感活动与认知活动的结合’”[2]。近些年，“情境教学又从学习科学那里得到了验证。学习科学指出，‘情感活动与认知活动二者是不可分割的’‘二者的结合是学习的核心’”[3]。因此，她将“情感与认知结合”作为中国式儿童情境学习的范式核心理念，并把“真、美、情、思”作为四大核心元素，具体阐释为：“真：让儿童认识一个真实的世界，符号学习与多彩生活链接；美：美的愉悦唤起情感，在熏陶浸染中促进儿童主动全面发展；情：情感生成儿童学习的内驱力，让情感伴随认知活动；思：想象是创造的萌芽，意境广远开发儿童潜在智慧”[4]，这也可以称之为儿童情境学习的操作策略。同时，她还概括出了儿童生动活泼学习的3条有效途径：“在探究的乐趣中学习成为自我需要”“在体验审美的乐趣中获得丰富感受”“在创造的乐趣中灵活运用知识”[5]。总括而言，中国式儿童情境学习的范式内容概括为：“择美构境、境美生情、以情启智，把情感活动与认知活动结合起来，引导儿童在境中学、做、思、冶的儿童情境学习范式，使中国式儿童情境学习范式能促使儿童学得快乐且高效，从而促进儿童身心的全面发展”[6]。

随着研究的深入，按照李吉林的工作风格，自然而然地又产生了有分量、有影响的著作，虽然这背后的艰辛难以衡量和想象，令人赞叹的是这次竟然集中出版了3部著作。著作的出版和研讨会同时进行。2017年11月，由中国教育国际交流协会、中国教育科学研究院、中国教育学会、中国教育报刊社、德国施普林格出版社、江苏省教育厅、南通市人民政府等7家单位联合主办的中国情境教育儿童学习范式国际研讨会暨李吉林儿童情境学习专著（英文版）首发式在南通举行，教育部原副部长王湛等领导出席并讲话，顾明远、陶西平、张楚廷、朱小蔓等专家发来贺信，来自美国、德国、澳大利亚、全国各地及中国香港的教育专家共同探讨儿童情境学习，同时还举行了李吉林儿童情境学习专著（英文版）首发式。此次，包括《儿童母语情境学习的理论与应用》《儿童情境学习范式建构的历程》《儿童情境学习课程体系及操作》的3本李吉林专著，由世界著名学术出版机构——德国施普林格（Springer）出版集团负责英文版的翻译和印行（中文版在2018年10月由教育科学出版社出版——编者注）。会上，李吉林老师作了题为《中国情境教育儿童学习范式的构

[1] 李吉林. 40年情境教育创新之路带来的6个甜果子[J]. 人民教育，2018（24）：27.
[2][3][6] 李吉林. 40年情境教育创新之路带来的6个甜果子[J]. 人民教育，2018（24）：28.
[4] 李吉林. 中国式儿童情境学习范式的构建[J]. 教育研究，2017（3）：97-98.
[5] 李吉林. 田野上的花朵：对话：情境教学的萌发[M]. 北京：教育科学学出版社，2013：411-425.

建》的主题报告。无疑，这次国际研讨会，再次引起了极大反响，与会专家这样评价说，这是：南通基础教育人的重量级研究成果第一次“走出去”，也是新时代中国教育家研究成果率先“走出去”，为“教育之乡”金字招牌增添了新的光彩，德国施普林格出版集团相关负责人强调：李吉林老师坚持不懈、追求高远的精神令人感动，儿童情境学习的核心概念非常科学，英文版著作的发行将李吉林老师这样的中国教育研究学者的著作发扬光大，将情境教育思想在全世界传播。

中华民族优秀传统文化给了李吉林无尽的智慧和深刻的启迪，她说，从中华民族优秀传统文化中“寻到了‘源’、找到了‘根’，引领我构建了中国的儿童情境学习范式。儿童情境学习范式的实施，改变了儿童学习方式和状态，让儿童在学习的过程中获得探究的乐趣、审美的乐趣、认识的乐趣和创造的乐趣，使中国式的情境学习真正成为儿童生动活泼、自我需求的活动”[1]。李吉林得益于中国传统文化影响的成长历程，无疑对于增强民族自信、文化自信和教育创新都有很好的示范作用和深刻的影响。

七、生命不息，奋斗不止（2018—2019）

在80岁耄耋之年，李吉林老师还在日夜不停拼搏。2018年11月13日至14日，在由中国教育学会、中国教育报刊社、江苏省教育厅、南通市人民政府主办的“40年情境教育创新之路展示交流活动暨中国教育学会情境教育研修与推广第三次培训”大会上，她做了主题报告——《40年情境教育创新之路》，她从“时代催人奋进，勇当改革的弄潮儿；发现教育现实的弊端，创新从这里起步；脚踏实地继续前行，‘思、学、行、著’攀上新台阶；心存高远之志，从民族文化寻根”四个方面介绍了自己40年教育改革探索情境教育的历程。会上，还举办了人民教育出版社出版的《40年情境教育在路上》系列专辑（3卷本）和教育科学出版社出版的《李吉林儿童情境学习丛书》（3卷本）中文版首发仪式。如果联想到半年多以后，于2019年7月18日，李吉林老师不幸病逝，谁能想到一个已经重病缠身的老人，竟然还又作报告、又出著作；甚至直到因病住院之前，她还坚守在科研第一线，常常能看到她在南通师范二附小的身影。孔子的“发愤忘食，乐以忘忧，不知老之将至”的老骥伏枥、志在千里的生命态度，在李吉林老师身上有着真实的写照。因此，用“春蚕到死丝方尽，蜡炬成灰泪始干”这句诗概括李吉林老师的辉煌人生，一点儿也不为过。

[1] 李吉林. 李吉林与情境教育［M］. 北京师范大学出版社，2019：183.

李吉林老师的一生是充满激情、智慧和奋斗不止的一生，是幸福、荣耀、独一无二的一生。她始终把促进儿童全面发展、让儿童快乐、高效学习作为自己的奋斗目标，在情境教育实践和研究中取得了辉煌成绩，情境教育成为具有中国特色、中国气派、中国风格的教育思想体系，在教育界产生了广泛而深远的影响。她“‘63年奉献一所学校——南通师范二附小、63年钟情一个身份——小学老师、63年热爱一项事业——教书育人、63年尤其是改革开放以来执着一个课题——情境教育’的坚守、忠诚和专一，给我们留下了宝贵的精神财富，为我们树起了教育的时代标杆，永远值得我们后来者学习和景仰！”[1]可谓人生有涯而情无止境，李吉林老师的情境教育思想必将光耀世间。

第二节　李吉林发展过程的“重要他人”

李吉林的成长既离不开她自己的努力和奋斗，也离不开周边人和环境给她的影响，是内外力交互影响、合力促成的结果。正如常言所道，一个人可以走得很快，但只有一个集体才可以走得很远。她自己也经常想，如果只是一个人去努力，可能“就如同茫茫大海中的一叶小舟，只能在风浪里颠簸、挣扎，难以前进”[2]，之所以“觉得前面是光亮的”，就是因为“周围有许多友爱的臂膀”给她无私的支持和关心。可见，在集体合作中、在相互支持中，人们才可能取得更好的成就，换言之，“重要他人”对一个人的成长非常重要。下面主要从母亲、社会、学校、专家、领导、同事、学生和媒体八个方面简要分析李吉林的成长过程中的有关的“重要他人”，这里的重要“他人”虽然是借助心理学中术语，但在这里不仅指实体的个人，也包含人的整体的社会环境。

一、母亲是人生的导师

李吉林小时候生活虽然非常艰难，甚至有时温饱都是个棘手问题，但母亲的坚韧奋进、与人为善等为人处世的优秀品格和谆谆教诲深深地影响了她的一生，母亲成了其最好的人生导师。在她后来回忆起自己母亲对她的影响时说，“母亲的谚语式家教，让我受用

[1] 郭毅浩. 美美地想，乐乐地做，每天有进步——纪念李吉林老师［J］. 人民教育，2019（15-16）：128.

[2] 李吉林. 云雀之歌：纪实：情境教育的拓展［M］. 北京：教育科学出版社，2017：338.

终身”[1]，例如，在她古稀之年后回忆起母亲当年所说的“牛拴在桩上一样地老”的谚语，她感觉自己“何必拴在桩上终日无所事事呢？要继续推磨、耕田”[2]，所以她在古稀之年后，“每天仍然照常到学校上班，集中全部精力，在几十年情境教育实践研究基础上进行深度研究”[3]，还出版了多部专著和发表许多高水平学术论文，并获得了3个全国性的大奖。其一生的追求，一生的幸福，对教育所做出的开创性的卓越贡献，可以说都离不开母亲的影响，“母亲的教诲功不可没”[4]。实际上，李吉林能够在小学一线工作63年，也有其母的功劳，因为在其被其他单位看上并被偷偷办理了调动手续时，是其母勇敢地去找领导求情后，她才又重新回到了小学。母亲作为第一任导师，她的影响是何其重大啊！

二、社会是发展的前提

人是社会的主宰，也是社会的产物。没有社会的支持，人就很难有顺利的发展。李吉林的发展与社会息息相关。例如，在中华人民共和国成立前的1949年初，李吉林即将小学毕业，但由于父亲早逝、家庭经济极端困难，即使母亲到处借款，也已经到了借无可借的境地，此时母亲已经无力支撑她顺利完成小学学业，更不用说升学了。在母女二人一筹莫展，准备退学的时候，天无绝人之路，天大的好运降临到这位努力聪慧的小姑娘头上，南通市解放了！李吉林的人生从此迎来了重大转机，在党和政府的支持资助下，李吉林不仅顺利完成了小学学业，还有幸进入初中学习。试想，如果没有一个新的社会，社会还处在战乱动荡和民不聊生中，李吉林应该会早早地离开学校去艰难谋生了。再如，改革开放后，李吉林迎来了发展的新的高峰期，她能在一个改革开放的环境中安心开展情境教育实践探索和理论研究，并取得了一个又一个突破和辉煌，这也绝对离不开社会的良性发展为其所提供的必要前提。

三、学校是成长的基础

李吉林的成长虽然离不开她自己的天赋和努力，但学校教育为其成长打下了良好基础。在小学阶段，班主任对她的关心和爱护，让她感受到了无尽的温暖，她也一直对小学

[1] 李吉林. 李吉林与情境教育[M]. 北京：北京师范大学出版社，2019：36.
[2][3] 李吉林. 李吉林与情境教育[M]. 北京：北京师范大学出版社，2019：38.
[4] 李吉林. 李吉林与情境教育[M]. 北京：北京师范大学出版社，2019：39.

老师感激不尽，也因此对教师职业有着美好的向往。在中学阶段，她遇到很多好老师，包括后来给她很大启发的初中英语老师蒋兆一，她的情境教学实验就是在与蒋老师的一次偶遇中，蒋老师建议她去看看有关英语教学的杂志上的一篇关于外国情景教学介绍的文章基础上，并结合我国传统文化中“意境说”等而产生的，没有师生的深厚感情，不可能产生一个深入地对话交流，也就很难了解到“情景教学”思想，从而就不会顺利产生她自己的“情境教学”。她在南通女子师范学校所受到的系统的教师职业训练，培养了她在德、文、体、艺等方面全面发展的素养，毫无疑问，这是一个人成长的结果也是进一步发展的基础。总而言之，学校塑造了她、影响了她，为其成长奠定了重要基础。

四、专家是学术的领路人

在李吉林的教育教学研究道路上，有很多高校和研究院所的专家学者对其进行无私的帮助和支持，成为她的学术领路人。例如，李吉林认为华东师范大学的杜殿坤教授对自己影响可谓至深，是其学术的恩师，杜殿坤教授经常与她深入交流，为她的著作写序，对她的研究进行点拨，启发她建立自己的情境教学理论体系；华东师范大学的老校长刘佛年教授也对她进行了不遗余力的提携；南京师范大学的张焕庭、鲁洁、朱小蔓、吴康宁教授、苏州大学的朱永新教授、天津师范大学田本娜教授等，都对她情境教育思想赞赏有加；还有许多专家为她的著作写序或者撰写评论文章，推广她的教育思想，包括顾明远、吕型伟、陶西平、袁微子、王策三、林崇德、恽昭世、裴娣娜、卓晴君、潘仲茗、张楚廷、叶澜、钟启泉、巢宗祺、温儒敏、高文、许明、成尚荣、袁振国、田慧生、任友群、郝京华、吴刚等大家，还有很多没有一一列举在这里的专家学者。这些专家学者亦师亦友，对李吉林大力帮助和高度赞赏，“听君一席话，胜读十年书”，这让李吉林更加自信、更有干劲、取得了更大的成绩。

李吉林还受到许多古今中外的思想大家和小学一线语文教育大家的影响。例如，我国的刘勰、王国维、鲁迅、郭沫若、巴金、叶圣陶、夏丏尊、吕叔湘、张志公、蒋仲仁、陆静山等，外国的夸美纽斯、杜威、苏霍姆林斯基、托尔斯泰、雨果、普希金、泰戈尔等大家的思想、著作对其都有很大影响；小语界的江苏南京名师斯霞、上海名师袁瑢、小语专家崔峦等大家都与其有深入的交流，例如，李吉林曾经写过一篇纪念斯霞老师的文章《斯霞吾师》，专门谈到了斯霞对她的帮助、关怀和二人所建立的深厚友谊。这些大家无疑也给予其成长的巨大力量。

五、领导是腾飞的助推器

作为一线教师，李吉林的成长离不开各级领导的扶持。初入南通师范二附小时，在逐渐适应教师这个角色、站稳脚跟后，老校长曾听过她的一次课，认为她课上得不错，很有发展潜力，因此动员学校领导和骨干教师去听她的课，与她交流，给她传授经验，从而加快了她的发展步伐。改革开放后，她在学校领导的支持下，从一年级教起，开展情境教学的实验探索，一轮实验取得优异成绩后，为了让她更好地总结经验，上级领导跟学校领导打招呼，给她一年时间专门进行经验总结提升，撰写著作，并顺利出版了她的第一本真正的学术专著《情境教学实验与研究》。第二轮实验期间，同样在校领导支持下，她提前到幼儿园开设过渡衔接课程，并随后将实验扩展到了一年级7个班级的各个科目，进行整体性的改革实验，同样取得了成功。后来，在情境教学、情境教育思想逐步扩大影响期间，在南通市、江苏省和教育部以及“中国教育学会”、全国小语学会等的各级领导支持下，包括时任国家教育委员副主任柳斌、时任教育部副部长王湛、时任中国教育学会会长顾明远、时任中央教育科学研究所所长朱小蔓、时任教育部基础教育课程教材发展中心主任朱穆菊、江苏省、南通市各级领导等都对其教育教学思想进行了高度评价、大力推广，帮助其将情境教育思想推向全国，甚至推向世界，让更多的教师和更多的孩子受益。可见，领导重视，虽然对李吉林而言应该会有或多或少的压力，但对其成长确实起了非常大的助推作用。

六、同事是合作的伙伴

一花独放不是春，百花齐放春满园。为了让更多的孩子享受情境教学、情境教育所带来的快乐、高效学习的益处，让更多的老师一起加入情境教学实验、向更多的老师传播情境教学、情境教育，李吉林与青年教师们一起备课，一起探索，一起去寻找情境，并将改革实验由语文教学扩展到各科教学，且率先在南通师范二附小成立了青年教师培训中心，加大对青年教师业务素养的提升力度。正是由于李吉林对青年教师真诚、热情地付出和投入，熟悉她的人都认为，她的爱心一分为二，一半给了学生，另一半给了学生们的老师。她还接待了很多的全国来访者、到很多学校开展讲座，仅示范教学就超过千堂课，与各地教师进行深入的交流学习，通过情境教育有力地推进了素质教育在全国的落地。她对教师们的倾情奉献，带来非常好的效果，她仅在校内就带出了13名徒弟，其中4人当了校长，

3人成长为特级教师，3人参加全国阅读教学比赛获得一、二等奖，此外，还有本校和全国无数的情境教育的追随者、受益者。正是在青年教师们的合作、交流中，大家“教学相长”、取长补短、启迪新思，从而使李吉林的思想有了广阔的用武之地，影响力随之荡漾、蔓延、传遍四方。

七、学生是教师成长的动力

教育实践和研究从来不是自娱自乐，必须让学生能够“快乐、高效”的成长。李吉林情境教育实践和研究的一切出发点和归宿都是为了儿童的全面发展，她常说：“教育不仅为儿童的学习，还为儿童能主动地学习。教育不仅让未来儿童学习知识，还为了丰富他们的精神世界。教育不仅为儿童明天的发展，还要为他们的童年获得最初的人生幸福。”[1]学生们的成长，是李吉林成长的终极标志。她教过的学生，都能感受到老师的爱和激情，与老师建立了和谐的课堂氛围，学生们经常沉浸在课堂学习中，总是感觉课没上够，不愿意下课，大家追寻着“真、美、情、思”，在快乐中能够高效的学习，过程是美好的，结果是理想的，因而取得了一个又一个令人赞叹不已的成就。一代又一代学生所取得的优异发展成绩，真正检验出了情境教育的优异的育人效果和理论价值的成色，是情境教育实验和思想得以推广的不竭动力源泉。

八、媒体是思想的传播者

思想之所以具有穿越时空的力量，是因为媒介为其广泛传播插上了翅膀。李吉林丰富的情境教育思想，从诞生伊始，就引起了轰动，被很多媒体争相刊载。她一生28本著作、350多篇论文，被人民教育出版社、教育科学出版社、北京师范大学出版社、施普林格出版社等各大专业出版机构出版，被《教育研究》《中国教育学刊》《课程·教材·教法》《人民教育》《人民日报》《光明日报》《中国教育报》等各大专业报纸和杂志发表。同时，她的教学视频、讲座也在各大电视台、网络播出。通过媒体的传播，不仅极大地激起了李吉林的实践和研究的热情，而且使情境教育思想的力量急剧扩张，使更多的人受益，影响着千千万万个教师，并影响着无数儿童的学习。

[1] 李吉林. 云雀之歌：纪实：情境教育的拓展［M］. 北京：教育科学出版社，2017：420.

第三节 李吉林教育生涯评价

一个人的成长除了受重要“他人”的影响，更离不开自己的奋斗，也可以说，命运的主人只能是自己。李吉林的成长，当然也离不开她自己的扎实实践和不懈探索。李吉林作为一位从小学一线成长起来的教育大家，平凡中蕴含着伟大和传奇，她的成长与她的扎实实践和不懈探索密不可分，她的教育生涯有许许多多值得总结和学习的亮点，包括她的奉献祖国、挚爱儿童的教育品格，谦虚好学、孜孜以求的人格，永无止境的创新特质，心怀高远之志和笃定信念的情怀等教育素养，无不令人景仰。下面主要从六个方面简要阐述其独特而优秀的教育素养。

一、情境教学、情境教育的卓越鼻祖

一提到李吉林，必提情境教育，二者可谓天人合一，相得益彰。无论是情境教学，抑或情境教育，创新是永恒的主题，正如李吉林自己总结的，“勇当改革弄潮儿”，她是在边实践边研究，边研究边实践中，做到了勤于实践，勇于创新，成为了当之无愧的情境教学、情境教育的卓越鼻祖。

1. 情境教学的首创者

1978年，李吉林步入不惑之年，也是从这里开始，她一改过去学校安排其教高年级的惯例，主动要求从一年级教起，从头开始探索语文教学改革。改革之初，主要是针对原有语文教学的“单调、呆板、低效”等弊端，大力提高语文教学的效果。在实践和探索中，偶然受到初中英语教师蒋兆一的指导，从英语教学中的“情景教学”思想得到启发，并结合我国古代的“意境说”，逐步开展了语文“情境教学”实验。通过两轮的实验，取得了辉煌成就，不仅学生喜欢上语文教学，有非常好的成绩和发展，第一轮实验结束时实验班毕业升学考试语文成绩远远高于非实验班成绩，而且总结提炼了一系列的成果出版发表，最终构建了情境教学理论体系，该理论体系论述了情境教学的特点、要素、类型、原则、途径及应用等，该理论体系博大精深，不仅蕴含了中国优秀传统文化特色，具有中国风格和气派，还做到了理论与实践融通，理论有高度，操作有步骤，同时，还既风格独特、蕴含真情、文字优美，又接地气、雅俗共赏、通俗易懂。需要指出的是，虽说“情境教学”的产生有其偶然性，但这何尝不是包含着必然呢？没有李吉林的长久思考、广泛涉猎和创新特质，即使偶尔听到了英语的“情景教学”，也很难顺理成章地产生“情境教学”。

2. 情境教育的拓荒者

从1990年左右开始，随着情境教学的发展，李吉林进行了新的深入思考，水到渠成，自然而然地从教学扩大到教育，逐步扩展为情境教育的改革探索，这也可以说是从关注具体学科的知识技能为主的情境教学发展到具有整体性的“关注人的发展的情境教育”[1]。情境教育的实验和探索同样也取得了可喜的成绩，不仅学生们“学得活，学得扎实，学得快乐”[2]，而且理论探索上也有新的建树，精心构建了情境教育的基本模式、四大基本原理和五大原则，进一步丰富和提升了情境教学—情境教育的理论体系。

其实，李吉林一生的实践和探索并没有止于“情境教学”和“情境教育”，她还对“情境课程”和“情境学习”进行了不懈的追求和研究，组成了其“情境教育”的四部曲，奏出了生命的最强音，引起了国内外的轰动，成为当之无愧的情境教育实践和理论的卓越鼻祖。她的情境教育思想对教育、教师和学生的影响必将生生不息。

二、德才兼备、终生育人的小学语文大师

德才兼备是一个人事业成功的必备基础，李吉林之所以成为小学语文大师，也是其德才兼备的修养奠定了坚实基础，而长达63年终身从教的经历，提升了其小学语文大师的历史地位。概括而言，李吉林做到了德无止境，艺不压身，育人永远在路上，令人景仰。

1. 德才兼备

李吉林师德高尚和多才多艺，可谓是德才兼备。她的优秀品质体现在各个方面，无论是对学生的爱、对事业的专，还是对同事的情、对专家的敬，或是对党和国家的感恩，无不体现了她作为一名教师，所具备的尽职尽责、无私奉献、谦虚诚恳、回报社会的高尚素养。例如，她回顾自己的成长历程，离不开各级领导和专家支持、指导，因此，“‘珍惜’和‘感恩’之情在心中涌动，”同时，她的成长也要“由衷感谢伟大的时代，赞美我们的

[1] 郝京华. 李吉林情境教育三部曲的课程论意义 [J]. 中国教育学刊，2016（10）：24.
[2] 李吉林. 28年趟出一条小路——教育创新需要持久地下功夫 [J]. 中国教育学刊，2006（7）：2.

祖国”[1]。再如，她与许多院校、科研院所的专家、学者有着深厚友谊和密切的往来，尤其与华东师大四代学者都有深入交往的佳话，这无不体现了她的谦虚诚恳的态度和人格。又如，实验初期，为了学生的发展，她顶着各种压力甚至阻力，不仅自己没有一分钱的课题费，而且还自掏腰包购买一些实物教具，自己刻蜡版印制教辅材料，自己制作教具，不仅没有怨言，而是“心甘情愿地、快快乐乐地做着这一切”[2]；最后，在第一轮实验末期，虽然班级间有竞争，甚至一些老师对其实验不理解，但她“照样把自己的复习内容、作文题目毫无保留地告诉同年级的老师”，因为她“觉得这也是对一个教师心灵、人品的检验”[3]，有的老师也没有想到她竟然高风亮节、无私帮助老师和学生们，品质之高贵可见一斑。李吉林的才艺之多、之扎实也是有目共睹的。她在学生时期就在才艺方面打下了基础，她会弹钢琴、会拉手风琴、会表演、会指挥、学画画、练美术字、参加朗诵会、创作舞蹈、排球和乒乓球等体育项目很突出、门门功课成绩优秀。艺不压身，她的这些才艺助力了她的职业发展，使她的教育教学工作游刃有余、臻于至真、至美。

2. 终生育人

李吉林一生热爱教育工作，初中毕业时选择报考了向往已久的师范专业，中师毕业时义无反顾地选择了小学教师职业，工作后虽有多次离开教师职业升迁的机会，甚至由于体育项目突出而被上级看上并把她的人事关系调出了小学，但她千方百计地又回到了小学，安心于做一名小学教师，且一干就是一辈子，做到了终生育人，鞠躬尽瘁，死而后已。她从18岁直至去世，在63年的从教生涯中，时时牵挂的是学生的发展、学生学习的快乐和高效，甚至在临终前的病重中，她仍舍不得教育工作和学生，毅然决然地选择了留在南通本地的中医院治疗，以便可以天天看到一墙之隔的自己工作了一辈子的小学，看到自己心爱的学生、教师们，此情此景真是令人动容、感慨万千。

三、一生向学、终身发展的名师代表

名师的成长从来都不是只靠天赋，就像所有人的成功都离不开心血的付出一样，可谓一分耕耘一分收获。李吉林虽然天资聪颖，但她从来没有靠“天”吃饭，她的一生是勤奋

[1] 李吉林. 云雀之歌：纪实：情境教育的拓展［M］. 北京：教育科学出版社，2017：422.
[2] 李吉林. 云雀之歌：纪实：情境教育的拓展［M］. 北京：教育科学出版社，2017：91.
[3] 李吉林. 云雀之歌：纪实：情境教育的拓展［M］. 北京：教育科学出版社，2017：93.

好学、精益求精的一生，是终身发展、壮心不已的一生，她是名师发展的典范。

1. 一生向学

教师不能落后于时代，需要时刻保持学习的热情，做到学会学习、终身学习。李吉林正是这么要求自己的，她对自己新的知识从来都是如饥似渴地学习，例如，进入不惑之年后，她的学习仍然那么前沿、学习的劲头不输任何年轻人，她学习情景教学、学习“意境说”、学习脑科学、学习美学、学习马克思主义关于人的全面发展思想、学习建构主义、学习课程改革思想等，不断借鉴其他学科的思想为我所用，去构建自己的情境教育的理论大厦。她工作上不断反思学习、精益求精，对自己的教学从不马虎，她提到“尽管每一次都精心地设计了方案，但不到上课，我是不会停止对它的思考的。在去学校的路上，在清晨的操场边，或是在下课时面对着那些可爱的孩子们的时候，我都会不断思考；也有勇气去否定自己，也常常为自己忽然产生的灵感而无比快乐。”[1]

2. 终身发展

唯有活到老、学到老，才能终身发展，也体现了烈士暮年、壮心不已的精神。李吉林的终身发展既体现在她的一个又一个生动而辉煌的教育实验和实践活动中，也体现在她的一个又一个令人景仰赞叹的思想体系和著作中，还体现在她所获得的一个又一个的奖励和荣誉中，她从来没有停下自己的脚步去好好歇一歇，寒来暑往，从来没有好好利用假期、节假日好好享受下幸福的生活，她一心扑在工作上，甚至在80岁耄耋之年还出版了2套6本著作，她的付出和艰辛令常人难望其项背、不可想象。正是由于她的不懈努力，才有了这么耀眼的成绩和完美的思想，成为一代名师。

四、笔耕不辍、思想丰富的优秀学者

李吉林在晚年总结自己的发展时用四个字概括为“学、思、行、著”，这四个方面是其一生奋斗的真实写照。其中，“著”的方面更是难以逾越的一座高山，她从不惑之年开始，围绕情境教育撰写发表了350多篇论文和出版了28本著作，可谓是著作等身、思想丰富，即使专门从事研究创作的大专家，都会惊叹于李吉林教育研究的耐力、爆发力和创造

---

[1] 李吉林. 云雀之歌：纪实：情境教育的拓展 [M]. 北京：教育科学出版社，2017：56.

力，她不愧是一位从小学走出来的优秀学者。

1. 笔耕不辍

李吉林认为小学教师绝对不是思想简单和贫乏的代名词，小学教师也“必须是一个思想者，而且是丰富而开放的思想者。思想是行为的先导，对学生、对教育，我们的思想直接影响着我们怎么爱学生、怎么教学生”[1]。因此，她经常强调，老师应该是一个思想者，要勇敢地拿起笔记录思想的轨迹。她回顾自己的教师生涯时感悟到，“深切感到教育充满诗意，教育本身就是诗篇。写好她，需要积累，需要凝练，需要迸发。那是用人世间最纯真的情，最深切的情，最炽烈的情——那是一团不灭的火，去撰写、去抒发、去赞颂”[2]。而且，教育研究没有止境，她强调“行者无疆”“情境教育发展前景宽阔而美好，为了儿童的发展，这是教育永恒的课题，作为它的探索之路，必然是一条没有终点的跑道”[3]。李吉林是这么想的也是这么做的，她打字不是很熟练，以传统的“爬格子”的方式，笔耕不辍，自己一篇篇、一字字、一笔一画独立写出来那么多的论文和著作，它们凝聚着她的虔诚和心血，即使这么传统、费时费力的写作方式，她做到了“日复一日，年复一年，没有厌倦，更无懈怠”[4]，她从来没有觉得这是个苦差事，反而经常从自己的灵感和丰收中获得无尽的快乐。

2. 思想丰富

李吉林的教育思想之丰富，令人赞叹，其实不用赘言。她不断超越自己，新认识、新思想层出不穷，尤其是其情景教育的四部曲可谓博大精深，不仅结构清晰、内容丰富、观点独特、文采朴实、可学可用，而且还具有中国特色、中国风格、中国气派和中国优秀传统文化的烙印，成为独树一帜的中国自己的“情境教育学派”。人们常说，越是民族的，越是世界的，情境教育也是如此，她不仅在中国自己的教育史上留下了浓墨重彩的一笔，而且在世界教育史上也具有不遑多让的一席之地，她在许多国际论坛上做主题报告，在施普林格出版社出版了《情境教育三部曲》的英文版，于2017年9月全球发行，为中国教育争取到了在世界教育舞台上的话语权。

---

[1] 李吉林. 云雀之歌：纪实：情境教育的拓展［M］. 北京：教育科学出版社，2017：354.

[2] 李吉林. 云雀之歌：纪实：情境教育的拓展［M］. 北京：教育科学出版社，2017：418.

[3] 李吉林. 云雀之歌：纪实：情境教育的拓展［M］. 北京：教育科学出版社，2017：336.

[4] 李吉林. 田野上的花朵：对话：情境教学的萌发［M］. 北京：教育科学出版社，2013：1.

五、一心为生、富有童心的教苑楷模

教育从来都不应该是教师换取名利的工具，而是以生为本、促进学生发展、成为更好自己的人类的伟大事业。因此，可以说孩子的利益高于一切，李吉林在她一生的教育教学活动中时时处处蕴含着这个朴素的道理，她心心念念的就是孩子的发展，她之所以能做到这些，缘于她自己的无与伦比的童心、童趣，为此，她把她的一生都献给了儿童，这都是值得学习的优秀品质。

1. 一心为生

“一切为了孩子的发展！”在通师二附小学校门前的墙壁上镌刻着这样一句话，它是情境教学——情境教育的宗旨，也是李吉林情境教育的真实状态。她所进行的所有实践和研究“出发点和归宿就是为了儿童的发展”“教育不仅为儿童的学习，还为儿童能主动地学习。教育不仅让未来儿童学习知识，还为了丰富他们的精神世界。教育不仅为儿童明天的发展，还要为他们的童年获得最初的人生幸福”[1]。她常说“一切为了儿童”“‘情境教学’‘情境教育’为儿童构建，‘情境课程’为儿童开发”[2]，顺此思路，我们也可以说，她后来梳理并深入研究的“情境学习”也必然是为儿童探索。“正是为了儿童”，她“执着地探索，不倦地学习”[3]。学生的发展，首要的是保证他们的身心健康发展，这比什么都重要，因此即使到了毕业年级，学生需要参加升学考试，多数学校都给学生加码，但李吉林的实验班仍然坚决不给孩子增加负担，“五点钟一定放学，到晚上八点钟孩子的语数作业都可以完成”[4]，确保孩子的休息时间、锻炼时间、睡眠时间。总之，她之所以能坚守几十年如一日的做一个课题，“那就是三个字：心中充满一个‘爱’字，讲究一个‘真’字，追求一个‘美’字”，“为儿童，顺其天性而育之”[5]。

2. 富有童心

培养儿童，需要教师了解儿童、理解儿童、尊重儿童、关爱儿童。李吉林富有童心、

---

[1] 李吉林. 云雀之歌：纪实：情境教育的拓展[M]. 北京：教育科学出版社，2017：420.

[2][3] 李吉林. 云雀之歌：纪实：情境教育的拓展[M]. 北京：教育科学出版社，2017：418.

[4] 李吉林. 云雀之歌：纪实：情境教育的拓展[M]. 北京：教育科学出版社，2017：93.

[5] 李吉林. 田野上的花朵：对话：情境教学的萌发[M]. 北京：教育科学出版社，2013：437.

童趣，称自己是"'长大的儿童'，儿童喜欢的伙伴和老师"[1]，这是她能走进儿童，培养儿童的重要前提。她的小孙女非常愿意跟她一起玩，她曾经跟奶奶说，"奶奶，我发现您像个小孩子，我喜欢和您玩"[2]，这是因为她最懂儿童，有着一颗纯真的童心。她说，"深深地感到能和世界上最可爱、最纯真的人——儿童生活在一起，是我人生莫大的幸福。每天在小学校园里，感到那么生气勃勃、清新亮洁，让我从审美直觉里获得无限的生活情趣，儿童成了我心灵的寄托。我爱儿童所爱，知儿童所需，正是儿童给了我智慧"[3]。她还说，"多么喜欢自己永远像儿童！"[4]原中央教育科学研究所副所长潘仲茗这样描述李吉林："她热情地追逐着生活中和儿童心灵中一切美好的东西，用真挚的情感和高尚的情操去拨动儿童的心弦，书写明天的诗。"[5]正是因为她所秉持的这些儿童立场的特质，确保了她的教育教学让儿童"懂得'爱美''乐善''求真'"[6]，儿童才喜欢上她的课，才能在快乐中高效学习、成长。

六、信念笃定、志存高远的杏坛"大家"

综观基础教育一线的教育家成长历程，都有着坚定的教育信念和高远之志，都有毅然决然、千方百计进入教育一线工作的经历，并将一线教师职业视之为安身立命的光荣事业，为之奋斗终生、上下求索，从而干出了一番伟业。李吉林成长为杏坛大家，同样离不开她的笃定的教育信念和高远的教育志向。

1. 信念笃定

信念是一个人奋斗不止的动力源泉，是一个事业取得成功的宝贵财富。李吉林从小就怀揣着做一名教师的梦想，并一步步实现了这个梦想，且一干就是63年，把整个的一生都奉献给了小学教育事业，她从不后悔从事小学教师工作，而且还感恩这个职业给其带来的快乐和幸福，她自认为"可以用两个词概括这一路的心情：甘愿、值得"[7]。为此，她为了

[1] 李吉林. 云雀之歌：纪实：情境教育的拓展［M］. 北京：教育科学出版社，2017：418.

[2] 李吉林. 我，长大的儿童［J］. 人民教育，2013（17）：39.

[3] 李吉林. 构建中国情境教育儿童学习范式［N］. 中国教师报，2017-11-22：14.

[4] 李吉林. 我，长大的儿童［J］. 人民教育，2013（17）：42.

[5] 潘仲茗. 用心血写出的诗篇［A］. 顾明远. 李吉林和情境教育学派研究［C］. 北京：教育科学出版社，2011：36.

[6] 李吉林. 李吉林与情境教育［M］. 北京：北京师范大学出版社，2019：183.

[7] 李吉林. 云雀之歌：纪实：情境教育的拓展［M］. 北京：教育科学出版社，2017：420.

自己的信念，不断地努力。她认为，“小学阶段是一个人一生奠基的关键时期，因此，作为教师的责任就格外重大，需要良知和真挚的情感”[1]“儿童的成长也让我体验到探索者的情感会萌生智慧和不懈的追求”[2]。即使条件再困难，也阻挡不了她前进的脚步。例如，很长时间以来，由于居住条件不好，冬天脚冷就用玻璃瓶灌上热水放到鞋盒子里暖脚；夏天，当时家里没空调，就搬个小凳子，坐到门口有风的地方弯腰弓背地写。毫无疑问，这就是信念的力量，是信念引领她做出了正确的选择，选择了小学教育工作，是信念引领她正确地做自己的教育教学工作，发现了教育的真谛，是信念引领她快乐地无怨无悔地去奉献、去奋斗、去抒写，总之，是信念之光照耀着她坚定的前进步伐和铸就了她光辉的教师职业生涯。

2. 志存高远

远大的志向是一个人成功的导航器，有志者事竟成。李吉林说，“我虽是一名小学教师，但是却心存高远之志”[3]。她要改变传统教育的弊端，为学生的全面发展而创新。为此，她勤于实践，不断用心血和智慧为学生成长创造一个快乐而高效的学习氛围，希望学生有一个幸福的童年和完美人生；她勇于探索，志在构建一个有根有魂的中国特色的教育学派，在世界教育舞台上发出自己的声音。虽然，路漫漫其修远兮，但她上下而求索，不知疲倦，锲而不舍，“孜孜以求，心无旁骛，全身心地沉浸在情境教育的实践与研究中”，她“把人生成熟期的黄金岁月悉数交给了儿童”[4]，并取得了一个又一个令人赞叹不已的辉煌成就，成为名副其实的杏坛“大家”。

总之，情境教育是李吉林老师的最靓丽的名片，她的情境教育实践和理论引人入胜，惊为天人，也体现了叶澜教授倡导的“顶天立地”的境界，由于成绩突出，因此获得了首届国家基础教育教学成果特等奖。因为对学生的挚爱，要给学生最好的教育，所以要创新，而且做到了创新无止境，不惑之年后的41年岁月始终在实践、在探索。因为相信民族传统文化的智慧和力量，所以就构建了有中国特色和时代气息的教育学派。可以说，她作为一位从小学一线走出来的著名儿童教育“大家”，她的一生绝对是浓墨重彩的一生，看似平凡，实则蕴含着很多常人不可为但她却能为之并取得辉煌的哲理，可谓没有传奇的传奇人生。她自己的生活是朴素的，但带给大家的是一种诗画生命的境界，具有崇高的精神

[1][2] 李吉林. 中国式儿童情境学习范式的构建[J]. 教育研究，2017(3)：91.
[3] 李吉林. 云雀之歌：纪实：情境教育的拓展[M]. 北京：教育科学出版社，2017：421.
[4] 李吉林. 云雀之歌：纪实：情境教育的拓展[M]. 北京：教育科学出版社，2017：420.

和伟大的人格；她对儿童的挚爱怎么形容都不为过，她自己永远是个长大的儿童；她对情境教育的实践和研究充满了智慧和心血，更充满了执着之深厚情感和坚毅之长久沉浸；她的教育生涯高山景行，虽只能景仰，难以逾越，但值得学习，毕竟也是她一天天去实践、一篇篇去思索、一个个去实现的，有迹可循，有道可道。年轻一代的教师可以踏着李吉林老师的足迹，开创自己的教育实践和理论研究，求索适合自己的、有自己特色的素质教育实现的有效方案，促进每个学生的全面发展，帮助每个学生获得童年和终生的幸福。

最好的感悟是引发思考，最好的怀念是继续前行。

第八章　小学数学名师课堂提问研究

《基础教育课程改革纲要（试行）》自2001年6月颁布以来，新一轮基础教育课程改革（简称“新课改”）就在我国大地上如火如荼地进行着。从教师的教学观、学生观到课程内容等方面都发生了令人欣喜的变化，例如，在小学数学教育领域提出了给学生提供“好吃又有营养”的儿童（数学）教育的主张[1]，这可谓是学生“站在教育教学的正中央”[2]，这是以学生为本的新课程教学理念，这种理念打破了传统的知识中心、教师中心的教学模式，将知识的被动接受变为学生的主动学习，注重培养学生的学习能力，这就要求教师在课堂上能够运用有效的教学语言，前提则是要“慎重地对待课堂上教学语言的设计”[3]，尤其是提问式语言，要发挥引发学生思考，引导他们进行主动学习的重要作用。实际上，提问式教学的历史悠久，无论是我国春秋时期孔子的启发式教学抑或是古希腊苏格拉底的“产婆术”，都属于启迪思想、引发思考的提问式教学方法，不约而同地开启了东西方启发式教学和教学提问的先河，都体现出了培养人的根本要求。现在很多教师虽然理解并认同这些教育理念，但在现实教育教学中很多教学的效率并不高，在诸多原因中，提问的策略问题非常关键，比如：提问数量过多，问题的类型单一，候答时间过短等，都成为教师在现实教育教学中亟待解决的问题，进而可以不断提高教育教学能力。可以说提问策略成为课程和教学改革的重要因素，影响着教育教学效果。鉴于此，一些学者对课堂提问开展了比较深入的实证研究[4, 5]，研究内容主要包括提问数量、类型、候答、叫答等，其中对提问数量进行的实证研究较多，对于提问类型的分类虽然名目繁多，但根据特征进行归纳，主要包括识记性、开放性和管理性几类问题，此外对于叫答和候答的研究则相对较成熟，多与问题的类型相关。但以往的实证研究对象主要是专家教师与新手教师课堂提问的比较

[1] 吴正宪. 创设“好吃又有营养”的儿童数学教育［N］. 中国教师，2017（13）：53.

[2] 窦桂梅. 我当校长这几年［J］. 中小学管理，2015（3）：58.

[3] 郜舒竹. 都是“必须”惹的祸——谈数学教学中的提问［J］. 人民教育，2009（13-14）：71.

[4] 程林生. 新课改背景下高中数学课堂有效提问的实证研究［J］. 数学教学通讯（中等教育），2015（3）：18-19.

[5] 吴晓宁，陶佳. 义务教育阶段课堂师生问答现状的实证研究——以贵阳市为例［J］. 教学与管理，2015（12）：28-30.

研究，国外教师与国内教师课堂提问的比较研究等横向比较偏多[1]，而有关同一位教师不同时期课堂提问的纵向比较研究则没有涉及。为此，选取了吴正宪、刘德武、华应龙三位小学数学特级教师，对他们在新课改以来的前后两次内容相同的课堂教学的课堂提问策略特点及其变迁发展的走向进行了实证研究，期望研究可以作为小学数学教师课堂提问水平提升的镜鉴。

第一节　小学数学特级教师数学课堂提问基本状况分析

考虑到内容不同可能会影响后期数据的分析结果，因此在现有视频资源的基础上，分别选取了吴正宪、刘德武、华应龙三位小学数学特级教师在新课改以来前后两次授课内容相同的课作为观察和数据收集的对象，这些视频资源分别是吴正宪的《相遇问题》、刘德武的《求平均数》和华应龙的《分数的再认识》。虽然三位教师的前后两次课堂教学有的间隔时间长一些，达10多年，有的间隔时间短一些，但总体上都是他们在根据实际情况不断调整教学方案、精益求精的教学，有的教学中间又经历很多次的公开课，很多次调整完善。总体上后一次教学都是比前一次教学有较大变化的教学，并表现出一些新的特点。

一、制订观察量表和收集、整理数据

许多教育学者对课堂提问进行过不同类型的划分[2, 3]，本研究借鉴已有研究成果并考虑到小学数学课堂提问的特点，将课堂提问划分为事实性问题、启发性问题、课堂管理问题3种类型，并编制了《课堂提问观察量表》（表8-1），对教师提问的类型以及叫答、候答策略进行分析。采用手工记录方式，记录教师的提问，观察教师的叫答、候答行为，记录教师等待回应的时间，并对数据进行统计与分析。

[1] 于国文，曹一鸣，David Clarke，Man Ching Esther Chan. 师生互动的实证研究：中芬法澳四国中学数学课堂中的师生互动［J］. 全球教育展望，2019（1）：71-81.

[2] 李营. 课堂观察量表设计中的偏失及改进策略［J］. 中国教育学刊，2013（5）：64-67.

[3] 张季. 数学课堂中教师提问观察量表的应用及其评价［J］. 成都师范学院学报，2016（1）：27-31.

表8-1 课堂提问观察量表

A. 问题的类型
A 1. 事实性问题：问题与简单事实有关，学生只需通过回忆就能得到答案；
A 2. 启发性问题：涉及较为复杂的问题，学生必须经过仔细思考与推理才能得出答案；
A 3. 课堂管理问题：与课程内容无关的问题，与组织教学的过程、纪律有关。
B. 挑选回答者的方式（叫答）
B 1. 提问前点名；
B 2. 提问后请举手的学生；
B 3. 提问后请没有举手的学生；
B 4. 对所有学生提问。
C. 提问之后的停顿（候答）
C 1. 叫一位学生前，先停顿几秒；
C 2. 叫一位学生前，几乎没有停顿；
C 3. 在提问前先叫起学生。

二、结果与数据分析

（一）提问数量的统计与分析

从表8-2的数据可以看出，吴正宪老师在《相遇问题》这节课上，提问的频次平均由一分钟1.16个降低至一分钟0.91个，每个问题平均占时由51.6秒上升至66.2秒；刘德武老师在《求平均数》这节课上，提问的频次平均由一分钟0.91个降低至一分钟0.80个，每个问题平均占时由66.0秒上升至74.6秒；华应龙老师在《分数的再认识》这节课上，提问的频次平均由一分钟0.89个降低至一分钟0.80个，每个问题平均占时由67.5秒上升至74.5秒。

表8-2 提问数量统计表

教师	前一次课堂提问数量分析				后一次课堂提问数量分析			
	上课时间/分	提问数量/个	提问频次/（个/分）	每个问题占时/秒	上课时间/分	提问数量/个	提问频次/（个/分）	每个问题占时/秒
吴正宪	43	50	1.16	51.6	32	29	0.91	66.2
刘德武	33	30	0.91	66.0	46	37	0.80	74.6
华应龙	45	40	0.89	67.5	41	33	0.80	74.5

（二）提问类型的统计与分析

从表8–3的数据可以看出，吴正宪老师在《相遇问题》这节课上，事实性问题从占全部问题的40%降低至31%，启发性问题从占全部问题的46%上升至62%，管理性问题从占全部问题的14%降低至7%；刘德武老师在《求平均数》这节课上，事实性问题从占全部问题的43%降低至16%，启发性问题从占全部问题的57%上升至84%；华应龙老师在《分数的再认识》这节课上，事实性问题从占全部问题的17.5%降低至15%，启发性问题从占全部问题的67.5%上升至79%，管理性问题从占全部问题的15%降低至3%。总体上分析，这些名师们的每节课中的启发性问题均多于事实性问题，大部分都能达到全部问题数量的50%以上，而且后一次课程比前一次课程的启发性问题都有较大幅度的提升，平均提高了18个百分点。

表8–3　提问类型统计表

教师	前一次课堂提问类型分析						后一次课堂提问类型分析					
	A1		A2		A3		A1		A2		A3	
	次数/次	百分比/%	次数/次	百分比/%	次数/次	百分比/%	次数/次	百分比/%	次数/次	百分比/%	次数/次	百分比/%
吴正宪	20	40	23	46	7	14	9	31	18	62	2	7
刘德武	13	43	17	57	0	0	6	16	31	84	0	0
华应龙	7	17.5	27	67.5	6	15	6	18	26	79	1	3

（三）提问叫答的统计与分析

从表8–4的数据可以看出，吴正宪老师在《相遇问题》这节课上，提问前点名的次数从占全部问题的22%降低至10%，提问后请举手的学生回答的次数从占全部问题的44%上升至72%，对全班提问的次数从占全部问题的34%降低至18%；刘德武老师在《求平均数》这节课上，提问后请举手的学生回答的次数从占全部问题的50%上升至84%，对全班提问的次数从占全部问题的50%降低至16%；华应龙老师在《分数的再认识》这节课上，提问后请举手的学生回答的次数从占全部问题的72.5%上升至82%，对全班提问的次数从占全部问题的27.5%降低至18%。

表8-4 提问叫答统计表

教师	前一次课堂提问叫答分析								后一次课堂提问叫答分析							
	B1		B2		B3		B4		B1		B2		B3		B4	
	次数/次	百分比/%	次数/次	百分比/%	次数/次	百分比/%	次数/次	百分比/%	次数/次	百分比/%	次数/次	百分比/%	次数/次	百分比/%	次数/次	百分比/%
吴正宪	11	22	22	44	0	0	17	34	3	10	21	72	0	0	5	18
刘德武	0	0	15	50	0	0	15	50	0	0	31	84	0	0	6	16
华应龙	0	0	29	72.5	0	0	11	27.5	0	0	27	82	0	0	6	18

（四）提问候答的统计与分析

从表8-5的数据可以看出，吴正宪老师在《相遇问题》这节课上，叫一位学生前，先停顿几秒的次数从占全部问题的46%上升至72%，叫一位学生前，几乎没有停顿的次数从占全部问题的54%降低至28%；刘德武老师在《求平均数》这节课上，叫一位学生前，先停顿几秒的次数从占全部问题的47%上升至81%，叫一位学生前，几乎没有停顿的次数从占全部问题的53%降低至19%；华应龙老师在《分数的再认识》这节课上，叫一位学生前，先停顿几秒的次数从占全部问题的70%上升至82%，叫一位学生前，几乎没有停顿的次数从占全部问题的30%降低至18%。

表8-5 提问候答统计表

教师	前一次课堂提问候答分析						后一次课堂提问候答分析					
	C1		C2		C3		C1		C2		C3	
	次数/次	百分比/%	次数/次	百分比/%	次数/次	百分比/%	次数/次	百分比/%	次数/次	百分比/%	次数/次	百分比/%
吴正宪	23	46	27	54	0	0	21	72	8	28	0	0
刘德武	14	47	16	53	0	0	30	81	7	19	0	0
华应龙	28	70	12	30	0	0	27	82	6	18	0	0

第二节　小学数学特级教师数学课堂提问研究的基本结论与启示

对于小学数学课堂而言，课堂提问是教师与学生互动和交流的最重要的途径，是教师与学生共同活动的过程，它不仅是引导学生学习的线索，更是启发学生思考的钥匙，同时，也是教师掌握学生学习情况和检验教学效果的重要方式。特级教师的专业化发展体现在他们每节课之中，他们将先进的教育理念、科学的教学方法和高效的教学手段融入到了课堂之中。

一、讨论与结论

吴正宪等三位特级教师既是新课改的推动者，也是新课改的受益者，他们以自己的教学实践生动地体现了新课改的要求，为新课改的顺利进行、取得良好效果而做出了重要贡献。在新课改的大潮中，他们的教学和课堂提问都附着着一些新课改理念的清晰烙印，表现出一些共同特点。

1. 课堂提问数量的特点：精简数量

从表8-2的数据可以看出，每位特级教师自己所执教的前后两次课堂提问的数量方面都有所精简，留给学生更多的思考时间。虽然随着课程改革的深入，注重启发和问答、注重双边活动的教学形式正逐步取代侧重教师单边活动的灌输式教学，课堂教学也逐渐从“独白式教学”走向“对话式教学”[1]，但也出现了一些高密度、高频率的提问，和课上用问题“狂轰滥炸”等过犹不及的现象。学生疲于应付频繁的提问，很难有时间进行深入的思考。一些教师并未充分认识到提问的实质，简单地理解为教师提问、学生回答，而不考虑是否真正启迪、激发了学生的思维，是否体现了追问和启发精神。吴正宪等三位特级教师，他们在课程改革中早就意识到这个问题，因此，从课堂提问的数量来看，每个问题所占时间均能够保持在平均一分钟左右，并随着课程改革的深入，不断精简自己的提问数量，给学生留有更多的思考时间。

[1] 余文森. 新课程教学的基本走向[J]. 福建师范大学学报（哲学社会科学版），2008（6）：140.

2. 课堂提问类型的特点：增加启发性问题，减少事实性问题和管理性问题

从表8-3的数据可以看出，每位特级教师在后一次课堂的提问中都增加了启发性问题，减少了事实性问题和管理性问题的占比。通过课堂视频的观察，几位特级教师都能够通过提高质量的、观点性、开放型问题来培养学生的思维能力、语言表达能力、想像能力，进而形成他们的创新能力。即便在前一次课堂教学中，启发性问题也占到了全部提问数量的46%～67.5%。其中，可以从原始数据对应的问题中看到，有些问题被反复问到，比如吴正宪老师前后两次课都会问“你想对他提什么问题呢？”，但在前一次的课中她问的次数会更多。因为在初期学生们习惯于回答有一个标准答案的客观事实性问题，对于解放思想、表达自己观点的问题还不知从何入手，于是就会见到吴老师不厌其烦地启发、开导，有时甚至会演示如何提出自己的观点。在华应龙老师的课堂中，也能频频见到这种现象，比如华老师提的“我们今天进一步认识分数，你希望还了解分数的什么呢？”。而刘德武老师更擅长用开放性的没有固定答案的练习题来培养学生们的创新能力，并会以此为基点一步步地进行追问，让学生对一个问题进行持续而深入的思考。

吴正宪等三位特级教师都能够在整个课程改革中将学生放到一个较高的起点，无论是前一次还是后一次课堂教学都注意通过启发性提问来诱导学生积极思维，引导学生对问题或概念进行探究，从而帮助学生在掌握知识的同时拓展其思维能力，让他们自己探索、主动发现问题。随着新课改的不断深入，特级教师们也在不断地提高启发性问题的比重，降低低水平、机械性、回忆性问题在全部问题中的比例来提高教学水平。此外还可以看到，在几位特级教师的课堂上，几乎不会出现纪律等管理性问题，这一方面显示了这些名师教学有方、魅力独特，另一方面也可能缘于这些课是一些大型公开课，学生对自己的纪律约束比较到位。

3. 课堂提问叫答的特点：尊重学生、遵循学生心理特点

从表8-4的数据可以看出，每位特级教师后一次的课堂提问相比较于前一次的课堂提问都减少了对全班的提问，先提问题然后让举手的同学回答的比例普遍提高。华应龙老师在《分数的再认识》后一次的课上曾说：“大家都会的问题，我们就不再一一叫答了。”从这里也能看出特级教师们灵活调节教学方式，有效利用课堂时间的理念。

此外，吴正宪等三位特级教师都减少了先叫一位学生再提问题的比例，增加了先提问题然后让举手的同学回答的比例，不仅体现出他们对于学生的尊重，更是体现出他们充分

关注了学生参与学习的心理需求。三位特级教师在提问设计上花了非常大的心思，做到了首先了解学生，把握了他们的学习起点，然后使问题"跳一跳、够得着"，以满足学生的学习需要，进而让每一个想展示自己想法的学生都有机会表现。由于每一位学生的学习起点不同，对不同的问题，会有不一样的思考和观点，因此充分尊重每一位学生，充分满足每一位学生的学习需求，也是各位特级教师不断完善教学的目标之一。

4. 课堂提问候答的特点：重视启发、等待发展

从表8-5的数据可以看出，每位特级教师后一次的课堂提问的候答时间，总体上相比较于前一次课堂提问都有所增加。但具体分析每组数据会发现，他们普遍都是在启发性问题上留给学生更多的思考时间，因此这部分候答时间是随着启发性问题的增加而增加的，根据不同的提问难度给出适当的候答时间。这也体现了启发式教学的意蕴，即教师要熟练掌握启发时机，例如，华应龙老师强调："当学生捅破窗户纸的那一刻，老师便不说话，给学生一个原型启发就够了，剩下的则是等待学生的思考。"[1]这意味着老师要学会"静待花开"，懂得等待学生发展，要给学生消化和思考留出时间，而不是为了赶进度急于告诉学生答案，这也是启发所追求的"愤悱"之境[2]。特级教师普遍并没有对于简单的事实性、回忆性问题留给太多的候答时间，这样做能够有效地利用课堂时间，避免无效等待。

5. 课堂提问目标的特点：注意培养学生的问题意识

从三位特级教师的课堂教学中会发现，吴正宪和华应龙两位教师无论前一次还是后一次的课堂上都比较注意引导学生提出问题，非常注意培养学生的问题意识和提问能力。比如吴正宪老师在课堂上会多次问到"你想对他提什么问题？""王泽林同学往前边这么一溜达，你们能提出什么有关走路的数学问题吗？""你们还想问他什么问题？"，华应龙老师问学生"我有问题，你猜我会提什么问题？""你有什么问题吗？"等。帮助学生学会问问题，尤其问出一些高水平的好问题，反映了学生学习的投入程度和思考的深度，是新课改提倡培养学生创新精神的重要体现。

传统上，许多课堂多是灌输式，教师一言堂，缺乏师生互动和问答；近来，虽然课堂教学开始注意师生互动，但效果仍然不理想，形成了以教师为主的课堂提问模式，即教师

[1] 华应龙. 让天下没有难学的数学[J]. 基础教育论坛，2020（20）：28.
[2] 金岩. 数学后"茶馆式"教学：接通儿童的愤悱状态[J]. 人民教育，2016（24）：49-51.

提问，学生回答这种单向的交流，成为我国课堂教学中最普遍的提问模式。例如，2007年的相关研究表明：通过对中美两国两个典型的科学课课堂教学案例进行分析，发现中国教师在整个的探究过程中，没有学生提问，教师是课堂提问的主体，而美国教师在上课过程中，课堂提问既有教师的提问，又有学生的提问，教师和学生是课堂提问的双主体。而“没有问题的学生不是好学生”是美国所持有的一种教育理念。教师在这种教育理念的影响下，通过课堂提问引导学生提问，并鼓励学生成为课堂提问的主体，由此，教师和学生成为美国课堂提问的双主体[1]。在以色列，也流传着犹太父母鼓励孩子提问的典故，孩子放学回家后，父母首先问孩子的问题之一就是：今日你在学校里有无问出一个让老师也没有回答上来的问题？美国和以色列等国家培养了大批具有创新思维的人才，应该与他们注意培养孩子的问题意识、质疑思考能力不无相关。

可以说，吴正宪等名师已经开始注意不断学习并借鉴一些好的教育理念和模式，注意发挥提问的师生双主体作用，尝试把提问权还给学生，“把课堂还给学生”[2]，但这些课堂上的学生提问还属于教师引导下的提问，还不是学生自主、自发的提问，虽然如此，应该说这已经迈出了非常可贵的一步。但需要注意的是，虽然教师们有意识引导学生提问，但由于长期以来教师权威地位居高不下，不仅是课堂话语权的主宰者，更是课堂提问的唯一主体，导致学生逐渐没有了问题意识，也就会容易出现吴正宪老师课堂上所表现出的情况，即教师把提问权还给了学生，但学生也可能不知从何问起。学生这种不会问问题的积习不是一两个教师和一两堂课可以解决的，需要全体教师经过长期的训练才会逐步好转。

二、启示

吴正宪等三位特级教师课堂提问所表现出的系列特点，昭示了课堂提问的发展趋势，也给小学数学课堂提问带来了一些深刻的启示。

1. 行动始于观念：应以先进的观念引领课堂提问

课堂提问是教师教学设计的重要表现形式，其后蕴藏着教师的教学指导思想、教学观和问题设计策略，可以说，课堂提问不是为了提问而提问，必然有其根本目的，即良好的

[1] 阮彩霞. 中美课堂提问的比较研究——从两个课堂教学案例引发的思考[J]. 江西教育科研，2007（6）：98.
[2] 叶澜. 回归突破：“生命·实践”教育学论纲[M]. 上海：华东师范大学出版社，2015：20.

课堂提问必然建基于先进的教学观念。吴正宪等三位特级教师在近些年的课程改革过程中的实际行动，体现的就是先进的课改观念。因此，教师必须要以先进的教育教学观念，不断引领课堂提问技巧和效果的提升。这些教育教学观念不外乎是：诸如问题要体现真实化、情境化[1]；学生是自己发展的主体；没有主动就没有真正的学习；没有思考就没有深度的发展；没有鼓励就没有大胆的想象，提问是手段，通过启发引导学生主动问为什么、是什么、怎么样，多想还有哪些问题，多思考还有什么方法，多比较还有哪些方案，等等。从而通过“提问引导学生积极参与课堂教学活动并激发他们的思维、启发他们的心智”[2]，帮助学生逐步达到学会学习、学会思考、学会发展的根本目的。

2. 万变不离其宗：课堂提问的“增与减”

万变不离其宗，课堂提问增减与否，一切都是为了更有利于尊重学生身心发展特点，更好地促进学生发展。从三位特级教师在前后两次的教学实录可以看出，他们提问的某些数据都不约而同地有所增加，比如启发性问题、候答时间、提问后再叫答的比例等；比较而言，另一些数据也都相应地减少了，比如提问数量、事实性问题、对全班提问的比例等。同时，老师们还不断升华提问的艺术，使提问语言愈加精炼，启发提示不仅更有指向性，也能更好地帮助学生理解。从特级教师在课程改革大背景下，对自身教育教学不断地改进和自我完善中，可以发现他们改变的真谛就是为了启发学生的发展。总之，教学必须为学生发展服务，教学无小事，要学会从细节入手，适当减少课堂提问的总数量，增加高质量的问题、增加追问，从而满足学生学习的需求、表达自己观点的需求，给学生留有更多的思考、领悟时间。

3. 以不变应万变：课堂提问的“不变”

以不变应万变，坚定原有的好传统、好做法，在传承中发展。分析吴正宪等三位特级教师的提问行为，也能看到各位特级教师在改革中的“不变”。他们并没有因为课程的不断改革而全盘否定自己原来的课程设计与教学方法，而是在先进的课程理念的指导下，保留精华部分，比如例题，引导语或引出的精彩数学思想等，在此基础上不断地融合更符合时代发展的，符合学生特点的素材。比如刘德武老师《求平均数》这一课，从2003年到2015年，

---

[1] 部舒竹. “变教为学”需要“诱人”的问题[J]. 教学月刊小学版数学，2015（12）：4.

[2] 南汉成. 问出精彩课堂[J]. 陕西教育，2015（7-8）：94.

时隔12年，但那道“从9张卡片中取3张……”的精彩的例题依旧是他的“保留节目”。特级教师们为学生精心准备的问题往往能够契合学生发展水平，能很好地引发学生自己主动思考、积极表达自己的想法，而不是问题抛出后无人回应，还要靠老师被动点名提问。

教育经验可以借鉴，实践更能出真知，教师专业成长也离不开自己的生动实践。广大教师在向特级教师、优秀教师学习的过程中，也应增强教学自信，坚持自己原有的教学精华，巩固自己的教学特色，那些从亲身经历中、从自己与学生一次次面对面地碰撞激发中获得的东西往往更加宝贵、更有适切性，也更能体现出教学原有的味道和意蕴。

4. 问是为了学：坚持学生发展为本的教育真谛

课堂提问是一种教育手段，其根本目的是为了贯彻教育的真谛——以学生为本，换言之，“教师在课堂上提问，其根本目的在于促进学生思考”[1]，通过提问，激发学生的潜力，启迪学生的智慧，引领学生的思维，培养学生的独立思考能力、质疑能力和批判精神，促进学生的自我发展。

新课改初期，我国的课堂提问重点还在引导学生学习新知识和巩固旧知识，帮助学生更快地、更准确地掌握书本知识。而随着新课改的深入，特级教师们逐渐更多地关注在课堂上提出的问题是否更有利于激发学生的兴趣和求知欲，引导学生自主建构和主动探索，培养学生的独立思考能力，因此，他们所提的问题越来越多地激发了学生学习的主观能动性，引导学生用与生俱来的好奇心和探索的能力去主动学习，独立思考，自我建构，从而把课堂还给学生，学生成为学习的主体，成为课堂的真正主人。

进一步分析，新时代对人才培养提出了挑战，所要培养的人才，应是在现有人类文明的基础上，多元化发展并具有独立思考能力和批判精神的创新型人才，是我国未来实现“两个一百年”奋斗目标，“关键核心技术实现重大突破，进入创新型国家前列”[2]的重要基础。相应的数学教学应该理解为“利用数学培养学生的核心素养、全面素养”[3-5]，把数学课程内容作为载体，注重的是学生的“全面而有个性的发展”[6]，引领他们成长为最

---

[1] 郜舒竹. 都是“必须”惹的祸——谈数学教学中的提问［J］. 人民教育，2009（13-14）：71.

[2] 新华网. 中共中央关于制定国民经济和社会发展第十四个五年规划和二〇三五年远景目标的建议［EB/OL］.（2020-11-03）［2020-11-15］. http://www.xinhuanet.com/politics/zywj/2020-11/03/c_1126693293.htm.

[3] 史宁中. 学科核心素养的培养与教学——以数学学科核心素养的培养为例［J］. 中小学管理，2017（1）：35.

[4] 马云鹏. 如何在课堂教学中培养学生核心素养——以小学数学课堂教学为例［J］. 中国德育，2018（8）：45.

[5] 李跃海. 数学教育与学生全面素质的培养［J］. 吉林教育，2016（18）：72.

[6] 浙江省教育厅. 深化基础教育课程改革，促进学生全面而有个性的发展［J］. 人民教育，2018（15-16）：11

好的自己。而不是用数学书本上的知识束缚他们，禁锢学生的思维，压抑学生的独立思考能力和创新精神。尤其注意不能让教师的意识去支配学生，不能让学生习惯于回答有标准答案的问题而缺乏想象力和创新能力，更不能让学生依赖于书本和教师而缺乏独立思考的能力，最终只能体会到学习的乏味和僵化。由此可以看出，新时代的发展对教育提出了更高的要求，也对教师的能力特别是能促进学生思考的提问水平提出了更高的要求。在此，特级教师们时刻关注学生的发展，避免教师的权威性阻碍学生的自主性，用教师的提问激发学生的思维潜力，引领学生提出自己关心的问题、感兴趣的、有深度的问题，有助于激发学生的好奇心和探究欲望，并在此基础上发生有意义的学习，注重学生的“思考深度、思维品质和思维过程”[1]，体现了以学生发展为本、回归教育本原的教育真谛。

[1] 史宁中. 学科核心素养的培养与教学——以数学学科核心素养的培养为例[J]. 中小学管理，2017(1)：37.

后 记

捷克的教育家夸美纽斯认为，教师职业是太阳底下最光辉的职业。确实，教师职业的荣光无与伦比，它之于人类社会的发展有着不可磨灭、不可替代的独特贡献。可以断言，没有教师，没有教育，人类社会的发展就会停滞，甚至会大大倒退。人类之所以从一般动物界脱颖而出，成为世界的主人，是因为教师和教育起了非常重要的独一无二的作用，教育活动是人类活动中一项最了不起的活动，教师职业是人类职业中一项最了不起的职业。可以说劳动使人区别于动物，教育这项特殊劳动使人进一步扩大了与动物的区别，甚至可以说，教育也是使人与人千差万别的重要因素（习相远）。教师是教育活动的发起者、掌控者、执行者，发挥着非常重要的作用，主导着儿童的发展方向、速度和深度，是儿童发展、社会进步的依靠，为儿童发展、社会进步提供了不竭动力。教师通过教育活动，不断激发儿童成长的潜力，使其逐步成为最好的自己，提升儿童的道德品质，提高其学习能力和水平，增强其体质，从而使其成为推动社会不断向前发展、造福人民的有用人才。

进入知识经济时代，科技发展速度日渐迅猛，综合国力竞争日趋激烈，这一切的进步和发展归根结底取决于人才。人才培养离不开教师和教育，教师和教育责任重大。培养具有高尚道德、创新精神和实践能力的人才成为当代教育的根本目标。教师承担着公民培养、民族复兴、社会文明、国家进步的历史重任。正如2014年教师节前夕习近平总书记在北京师范大学的讲话所言：一个人遇到好老师是人生的幸运，一个学校拥有好老师是学校的光荣，一个民族源源不断涌现出一批又一批好老师则是民族的希望。可以说，在过去的任何时代，教师和教育从来没有像今天这么重要，社会和人的发展越来越离不开教师和教育，也从而对教师和教育的要求越来越高。

百年大计，教育为本；教育大计，教师为本。教师为本，就是要研究教师，理解教师，尊重教师，重视教师的价值，提升教师的地位和待遇，提高教师的专业素养，调动教师的工作积极性，发挥教师对学生和社会的导引作用，以期推动基础教育优质均衡发展，推进人才培养工作，从而促进社会形成一个良性发展态势，使各项工作迈上一个又一个新的台阶。

鉴于此，本书旨在研究教师发展的一些基本问题和小学名师发展案例等，期望通过研究引起社会更加重视教师及其发展问题，尽快使教师职业真正成为太阳底下最光辉的职业。同时，也期望通过这些研究，能帮助、引导、启发小学教师更好地成长，从景仰名师、向往名师到成为准名师、名师，从而为人才培养和社会发展贡献更大的力量。

本书参考了诸多专家、学者的相关著作和论文，在此致以崇高敬意！本书得到了北京联合大学师范学院副院长林强教授负责的研究经费和北京联合大学2021年研究生“课程思政”示范课程建设项目、北京联合大学师范学院2020年教育硕士领域学科核心与特色课程建设项目的资助，在此予以衷心感谢！在写作过程中，毕业于北京联合大学师范学院的我指导的教育硕士李蒙同学帮助整理了小学数学名师课堂提问部分的初稿，在此深表感谢。

虽孜孜以求，竭尽所能，但由于本人能力和精力所限，认识肤浅，难免挂一漏万，错误在所难免，也恳请各位读者朋友不吝赐教，批评指正。

刘彦文
2021年7月7日于北京联合大学

参考文献

[1] 瞿葆奎，李涵生. 教育学文集·教师 [C]. 北京：人民教育出版社，1991.

[2] 王道俊，王汉澜. 教育学 [M]. 北京：人民教育出版社，1989.

[3] 叶澜. 新编教育学教程 [M]. 上海：华东师范大学出版社，2003.

[4] 袁桂林，王景英，黄建如. 中学德育行动研究 [M]. 长春：吉林教育出版社，2000.

[5] 杨东平. 教育：我们有话要说 [C]. 北京：中国社会科学出版社：1999.

[6] 傅维利，刘民. 文化变迁与教育发展 [M]. 成都：四川教育出版社，1988.

[7] 李剑萍，魏薇. 教育学导论 [M]. 北京：人民出版社，2000.

[8] 黄崴. 教师教育体制：国际比较研究 [M]. 广州：广东高等教育出版社，2003.

[9] 全国12所重点师范大学. 教育学基础 [M]. 北京：教育科学出版社，2002.

[10] 教育部师范司. 教师专业化的理论与实践 [M]. 北京：人民教育出版社，2001.

[11] 邵瑞珍. 教育心理学（修订本）[M]. 上海：上海教育出版社，1997.

[12] 时蓉华. 教育社会心理学 [M]. 北京：世界图书出版公司，1993.

[13] 桑新民. 呼唤新世纪的教育哲学——人类自身生产探秘 [M]. 北京：教育科学出版社，1993.

[14] 周桂钿. 中国传统哲学 [M]. 北京：北京师范大学出版社，1990.

[15] 张奠宙，唐瑞芬，刘鸿坤. 数学教育学 [M]. 江西教育出版社，1991.

[16] 张贵新. 对教师专业化的理念、现实与未来的探讨 [J]. 外国教育研究，2002（2）.

[17] 钟启泉. 教师“专业化”：理念、制度、课题 [J]. 教育研究，2001（12）.

[18] 史宁中. 学科核心素养的培养与教学——以数学学科核心素养的培养为例 [J]. 中小学管理，2017（1）.

[19] 马云鹏. 如何在课堂教学中培养学生核心素养——以小学数学课堂教学为例 [J]. 中国德育，2018（8）.

[20] 郜舒竹. 都是“必须”惹的祸——谈数学教学中的提问 [J]. 人民教育，2009（13-14）.

[21] 傅维利，张桂春. 中国教育现代化的文化负累 [J]. 教育理论与实践，1998（1）.

[22] 李中华. 中国文化传统价值观与现代化的冲突 [N]. 中国教育报，2001-8-16（7）.

[23] 叶菲. 传统负累是实施创新教育的障碍 [J]. 教学与管理，2000（11）.

[24] 张家勇. 中国传统文化对创新教育的负面影响 [J]. 中学教育，2000（4）.

[25] 畅芳珍. 根据“差生”心理特点进行素质教育 [J]. 教育理论与实践,1998（4）.

[26] 王斌兴. 论“差生”及其转化 [J]. 教育探索，1996（3）.

[27] 常树存. 根据后进生的特点做好转化工作 [J]. 中国教育学刊，1991（2）.

[28] 李吉林. 我“悟”教育创新三十年 [J]. 人民教育，2008（20）.

[29] 刘德武，赵玥，林建. 体验思维爬梯的快乐——《求平均数（练习）》教学实录 [J]. 教育视界，2016（8）.

[30] 李娟华，刘彦文，都丽萍．现代教育学教程（第三版）[M]．北京：知识产权出版社，2020.
[31] 刘彦文．高等职业教育原理与教学研究 [M]．北京：中国轻工业出版社，2009.
[32] 刘彦文，王颖．现代教师研究 [M]．北京：知识产权出版社，2009.
[33] 刘彦文．教育基本问题专论 [M]．北京：中国轻工业出版社，2012.
[34] 李蒙．我国新课改十五年小学数学名师课堂提问研究 [D]．北京：北京联合大学，2017.
[35] 刘彦文．课程与教学问题专题研究 [M]．北京：中国轻工业出版社，2017.
[36] 刘彦文．要走出教师待遇观念的误区 [J]．教育探索，2002（12）.
[37] 刘彦文．论我国传统价值观念负累对教师地位及待遇的负面影响 [J]．教育探索，2005（5）.
[38] 刘彦文．职业的含义、特点及发展趋势 [J]．职业，2008（31）.
[39] 刘彦文，董岩．因材施教思想源流及其现代价值探析 [J]．中国电力教育，2012（1）.
[40] 刘彦文．新时代提升教师素质的探索 [J]．中国电力教育，2013（24）.
[41] 刘彦文．教师应首先在道德上成为教师 [J]．继续教育研究，2014（2）.